日本という
不思議の国へ

akasaka norio

赤坂憲雄

日本という不思議の国へ　目次

日本という不思議の国へ

はじめに

書棚のひと隅に、旅や紀行にまつわる本がいつとはなしに集まりはじめた。知らぬ間に、その数はたぶん千冊をはるかに越えて、いまも増殖中である。そのあたりに眼をやると、なんとはなしに嬉しくなるから不思議だ。どうも特別なテーマなのである。『紀行を旅する』という社会学者の加藤秀俊さんの本のタイトルには、心を揺さぶられてきた。〈紀行を旅する〉という言葉に託されているものは、広く深いものがあって、ひと筋縄では行かないけれども、わたしにとっては大切な知の技法のひとつであることは否定しようがない。

あえて紀行を動詞化して、〈旅を紀行する〉といってみれば、これはだれもが当たり前にやっていることだ。日記やブログに旅行の印象を書き留めることは、ありふれたことでしかない。わたしたちは日常世界の外縁部に足を踏み出したときには、そこでの見聞を紀行として書き残しておきたくなるものらしい。それにたいして、〈紀行を旅する〉こともまた、文学表現のジャンルとして眺めてみれば、とりたてて珍しいことではない。古代から現代にいたるまで、先人たちの旅の跡を実際に、あるいは想像のなかで訪ねる旅をして、それをさらに紀行の形で表現することは、むしろ文芸の伝統にのっとった作法ではなかったか。歌枕の地を訪ねる旅を思い浮かべてみればいい。芭蕉の『奥のほそ道』だって、中世の西行の旅の跡を訪ねたわけだし、芭蕉以後には、いったいどれだけの人たちが『奥のほそ道』をたどる旅をしてきたことか。

とはいえ、〈紀行を旅する〉ことの醍醐味は、ある時の隔たりのなかで、風景や、そこに生きている人や物や伝説が蒙っている変化を探り、確かめることのなかにある。ただ、この時代には、有名無名を問わず、数も知れぬ紀行やそれらしきものを読むことができる環境が生まれているし、かつて旅人たちが徒歩で難儀した旅の足跡をレンタカーや列車でたやすく後追いすることができる。〈紀行を旅する〉ことは、かぎりなく多様な可能性へと開かれているのである。たとえば、この本のなかで取りあげているアラン・ブースの『津軽――失われゆく風景を探して』などは、その四十数年前の太宰治の『津軽』をテクストとして携えながら、まさに〈紀行を旅する〉ことを実践した著書である。絶妙なコラボレーションが起こっている。二人の作家の精神の深みにおいて織りなされる交歓の情景は、とても魅力的なものだ。

＊

気ままに、野辺歩きと称して旅をくりかえしていた時期があった。三十代の終わりに近く、東北に拠点を移して半年ほどが過ぎた頃に、車を駆って東北のあちこちを訪ねあるく旅にとりかかった。それからの二十年足らずの歳月は、ほんとうに野辺歩きに明け暮れた。東北とはかぎらず、北は北海道の知床半島から、南は沖縄の西表島や与那国島にいたるまで、とうていフィールドワークなどとは言いがたい、まったくゆるい〈歩く・見る・聞く〉旅を重ねたのである。先人たちの旅の跡をたどることは多かった。そうして、さまざまな形で〈紀行を旅する〉ことを積み重ねてゆくなかで、自然と先人たちの紀行を読むことになったし、みずからも紀行的な文章を書く機会が増えていったのだった。

たとえば、『山野河海まんだら』という本は、一九九〇年代のなかばに、三、四年の歳月をかけて、山形県内の山や海や河に近いムラを訪ねて、二、三百人の方たちから聞き書きを重ね、まとめた民俗誌の試みであった。その野辺歩きの旅のなかでは、つねにかたわらに置いて読んでいた本があった。山形の農民詩人として知られる真壁仁さんの『手職』（正・続）である。一九七〇年代はじめの聞き書きが収められてあったが、わたしはその跡をたどりながら、気がつくと、いわばひと世代あとの人たちから聞き書きをおこなっていたのだった。受け継がれていること、ゆるやかに変化したこと、痕跡もなく忘れられていたことなど、さまざまに手探りで確認してゆくことになったが、じつに学び多き仕事であった。

勤めた大学は山形市内にあった。とりわけ、山形県内が野辺歩きのフィールドになった。大学の裏手に広がる里山と、そこに点在するムラがそのままに聞き書きの舞台になった。その山形では、イザベラ・バードという異邦人の旅人の名前が広く知られており、その『日本奥地紀行』を愛読している者が多かった。置賜盆地の屋敷林のある田園風景を、「東洋のアルカディア」と称讃しているバードにたいしては、共感が集まりやすかったのだ。幾度となく、新潟からいくつもの峠を越えて置賜盆地に入り、山形から新庄へと北上していったバードの旅の足跡をたどった。福島県立博物館の館長になってからは、日光から会津を経て新潟へと抜けていったバードの旅の跡を、仲間たちと探しあるいた。福島県下郷町の大内宿では、八十代半ばの女性から、「アメリカ人の女が郵便局の家に泊まって、赤い血を飲んでいるのを見た、と婆ちゃんが話していた」と聞いた。わたしが出会ったなかでは、唯一の、イザベラ・バードに関する記憶のかけらであった。むろん、バードはイギリス人であり、赤い血はブドウ酒か何かであったはずだ。いずれであれ、百数十年前の、たったひと夜だけの滞在者の記憶がそうした形で語り継がれていることに、不思議な感慨を覚えずにはいられなかった。

それから、渡辺京二さんの『逝きし世の面影』という本を読んで、幕末から維新にかけての時期に日本にやって来た外国人の残した紀行の面白さを知らされた。これはまさに名著であった。そうして、気がつくと、異邦からの訪れ人による紀行を買い集めて、折りを見ては読むようになっていた。幸いにも、近年、そうした幕末・維新以降に日本を訪れた異邦人による紀行が、ささやかな出版ブームになっているのか、次々と翻訳され、文庫などの手に取りやすい形で刊行されている。だれもが読めるテクストがすでに、たくさんある。それは、『逝きし世の面影』という大著の第二章をみなで、てんでに執筆する環境が整ったということでもある。

じつは、〈紀行を旅する〉ための方法は、たんに、その旅人の歩いたコースを実際にたどり直してみることには留まらない。たとえば、いまはいろいろな地図が、丹念に探せば手に入る。その旅人が歩いた時代の地図があれば、足跡を追いかけやすい。たかだか百年足らずで、道も家々も変わっている。ことに海岸線は大きな変容を蒙っている場合が多く、地震や津波によってムラが消えていることだってあり、注意が必要だ。古い絵葉書にも、思いがけず未知の情報が詰まっていることがある。その旅人が見たらしい、いまは跡形もない神社の神木が絵葉書のなかに写りこんでいたりする。『風俗画報』や『アサヒグラフ』のようなビジュアル系の雑誌からも、関連する画像が拾えるかもしれない。写真や動画などの映像資料のアーカイヴ化が進んでおり、図書館や博物館にはひっそりお宝映像が埋もれていることがある。そのほか、紀行を読むためには、同時代の史料や新聞資料を掘り起こし、市町村史や郷土資料にも当たり、当然のように先行研究があれば手に入れておけばいい。どんなスタイルでもいい、それぞれに〈紀行を旅する〉ための方法を手探りしていけばいい。

わたしはしばらく前から、この列島のそこかしこを訪ねあるき、それぞれの流儀で〈歩く・見る・聞く〉を重ねた旅人たちの紀行文を読みなおす仕事を続けてきた。ここでは、その異人篇である。幕末以降、明治・大正から昭和へと、たくさんの異邦人たちが日本紀行を残している。それら異邦人のまなざしが捉えた日本人の立ち姿に、文化のありように、関心をそそられてきた。そこには思いがけぬ文化の裂け目が覗けており、わたしたち自身のアイデンティティが大きく揺さぶられることがある。それはときに、日本という自画像の書き換えをゆるやかに求めてくるといってもいい。

＊

いくらか唐突ではあるが、岡本太郎の『神秘日本』という著作について触れてみたい。太郎はフランス帰りの前衛芸術家であると同時に、パリ大学でマルセル・モースの教えを受けた民族学者であった。その日本紀行の「後記」には、太郎の思考の場所がくっきりと示されている。太郎は十代の終わりからの十年あまりを、まさしく世界のあらゆる文化や思想や芸術が集まる先端の地であるパリに、世界人／日本人のはざまにひき裂かれながら、暮らした。そして、第二次世界大戦の影のもとに日本へと帰国した。そのとき、太郎のなかにはある揺るがぬ確信が根づいていた。すなわち、日本という泥に徹底してまみれることなしには、世界という表現や思想の場所へと突き抜けてゆくことはできない、ということだ。それはほとんど、同時代の日本人たちには理解されがたい、世界との対峙の仕方であったかと思う。

その「後記」には、こんなふうに語られていた。今日のように世界が「生活的に極大概念である」かぎりは、民族というものは「神秘的な生気を保ちつづける」はずであり、

「世界における同質化、ジェネラリゼーションが拡大すればするほど、逆にパティキュラリティーも、異様な底光りをおびながら、生きてくる」と。パリで世界を見た太郎は、泥まみれの日本を孤独に背負うことを覚悟しながら、いわば、世界のグローバル化に抗うために、ローカルなものたちの復権にこそ賭けようとしたのではなかったか。そのローカルなものたちにたいして、心からの愛と慈しみとともに、太郎は「神秘」という名付けを施している。民族は見えない「固有の暗号」や「根深い神秘」を持っている、という。異邦人はまさしく、それを自分には理解しがたい暗号のように感じて、魅惑と嫌悪のはざまにひき裂かれる。太郎はおそらく、パリでも日本でも、異邦人のような疎外感に苛まれていたからこそ、それを「固有の暗号」や「根深い神秘」と呼ばずにいられなかったのだ。それは太郎その人にとってこそ、解き明かされるべき謎として転がっていたにちがいない。

太郎の物語りする「神秘」は、どこかで、異邦人たちが呟くように紀行の片隅に書きつけていた、「この世の楽園」「不思議のくに」「妖精の世界」といった言葉の群れと響きあっている気がする。たしかに、『神秘日本』という著書のなかには、「神秘」という言葉が目障りなほどに登場するが、そこに提示された「神秘」はどれもこれも、神秘主義などとは対極そのものである「生活」という岡本太郎語彙とともに見いだされることを、確認しておきたいと思う。

＊

さて、この『日本という不思議の国へ』というタイトルを抱いた小さな本は、こうして岡本太郎の『神秘日本』をひそかな起点として、異邦人たちが驚きとともに発見し、紀行のなかに飽かず物語りした神秘なる日本についての、考察の書である。これはまた、日本文化の深みに横たえられた無意識が、その無意識によって抱かれた人やモノや風景が、かれらの紀行を仲立ちとして浮き彫りになる現場へと、静かに誘いかける書でもある。とはいえ、わたし自身も〈紀行を旅する〉ための試行錯誤を重ねてはきたが、ここではほとんどが表層から沈められており、むしろ異邦人の残した紀行をテクストとしていかに読むか、その手探りの書となっているかと思う。

それにしても、その妖精たちの住まう不思議の国は、発見されたときにはすでに失われた幻影として、過去時制に属していたことを、まず確認しておくべきだろう。まさに、渡辺京二が『逝きし世の面影』のなかで、くりかえし指摘していたように、江戸文明などと俗称される「一回かぎりの有機的な個性としての文明」が滅び去った、そのうしろ姿を異邦からの旅人たちが発見し、紀行に書き留めてくれたのである。異邦人たちが予感し、目撃し、証言することになった「古き日本の死」は、たんに制度や文物や景観の消滅には留まらぬ、ひとつの「全体的関連としての有機的生命」にして「個性をもった文明」の滅亡を意味していたのだ、そう、渡辺は述べていた。

たとえば、日本における近代登山の開拓者であったウェストンは、『ウェストンの明治見聞記——知られざる日本を旅して』のなかに、こう書いていた。すなわち、「明日の日本が、外面的な物質的進歩と革新の分野において、今日の日本より遥かに富んだ、恐らくある点ではより良い国になるのは確かなことだろう。しかし、昨日の日本がかつてそうであったように、昔のように素朴で絵のように美しい国にもう一度なることはけっしてないだろう」と。まるで預言のような言葉ではなかったか。「昔のように素朴で絵のように美しい国」は、近代の深まりとともに永遠に失われたのであり、それが戻ってくることはありえない。あるいは、チェンバレンによれば、欧米人にとっては「古い日本は妖精の住む小さくてかわいらしい不思議の国であった」という。これらと類似の表現であれば、枚挙にいとまがない。

いずれであれ、この不思議な妖精の国は発見されたときには、すでに「古い日本」であることが知られていたのだった。だから、オリファントという二十九歳のイギリス人が、「日本人は私がこれまで会った中で、もっとも好感の持てる国民で、日本は貧しさや物乞いのまったくない唯一の国です」と述べていたとしても、それは急激な近代化のなかで失われていった、あるいは失われてゆく「古い日本」のうしろ姿であったことを、記憶に留めておくことにしよう。それは逝きし世であり、失われた過去であり、忘れられた日本であった。

わたしが書いてみたいと願ったのは、いわば『逝きし世の面影』の続篇であったかもしれない。あの、妖精たちの住まう不思議の国は、近代のはじまりにおいてすでに過去時制で物語りされていたが、それは近代の深まりから黄昏へと展開してゆくなかでも、幾度となく目撃され、くりかえし語られてきた幻影であった。わたしはそれを、『逝きし世の面影』以後の紀行の群れのなかから掘り起こそうと努めてきた。むろん、いよいよ幻影の度合いを深めながら、なお異邦からの旅人たちはそれを追い求めてやまない。憧れを拭い去れず、苛立ちにまみれながら、そのかすかな痕跡であってもいいから触れてみたい、とまるで夢遊病者のように彷徨を続ける。

日本的なるものとは、なにか。異邦人たちがそれぞれに発見して、物語りする対象は、しだいに細分化されてゆく。神道であり、芸者や海女であり、自然の景観であり、庭である。そうして並べてみると、テーマは拡散しているように感じられる。しかし、同時にそれは、女性と自然、という二つのテーマへと収斂されてゆくようにも見えるのだ。偶然ではありえない。それはまちがいなく、日本的なるものという楕円の二つの焦点なのである。楕円である以上、そこに描きだされる図形は伸縮自在であり、大きくも小さくもあり、融通無礙というほかない。

それでいて、そこで主題化されるのが、日本という女／自然であり、自然／女としての日本であることは、隠喩のレヴェルにおいて、まさしくオリエンタリズム的な眼差しが想定されざるをえない。それが露わにむき出しに表出されていたのは、セース・ノーテボームの「木犀！――ある恋の話」というテクストであったが、それが実際の紀行ではなく、紀行的な体裁をとった小説であることは、興味深く思われる。それは一人の日本人女性との恋の顛末をたどった小説であるが、その女性はつねに、日本ないし日本文化と置き換えが可能な存在として描かれている。しかも、西洋人の男はカメラマンであり、女はひたすら見られる、撮られる対象としてのみ、そこに存在している。それこそが西洋にとっての日本そのものではなかったか。

思えば、わたしが取りあげたなかでは、ローエル、モラエス、マライーニ、ノーテボームと連なる系譜にあっては、女としての日本というテーマがそこかしこに見え隠れしていた。それにたいして、一九六〇年代以降になると、自然としての日本が失われてゆく日本文化の表象として前面に出てくる。ブース、カー、マレスと連なる戦後世代においては、もはやむき出しに女としての日本が物語りされることはない。日本的な自然が、人と自然との関係が、失われてゆく日本的なるものの結晶として、好んで論じられるようになる。そんな見取り図を漠然と思い浮かべているが、むろん、きわめて乱暴な印象批評のレヴェルに留まることはお断わりしておく。

＊

最後に、庭について触れておく。本書のなかでも、奇妙に庭をめぐるイメージの連鎖が見いだされる。

たとえば、モラエスがみずからつくり、自然のままの土地に陰影をつけ、可能なかぎり自然の風景の感じが出るようにと演出を凝らした庭があった。掃除を欠かさず、雑草を抜き、肥料をまき、庭の草や木と仲よくなった、という。ノーテボームが描いた、鵜飼鳥山という名の日本風のキッチュに満たされた旅館の庭には、色褪せた赤い前掛けをつけた仏像、おそらくはお地蔵さんの祠《ほこら》があった。また、アレックス・カーは京都の庭園を「日本の自然」と見なすことを、誤解として退けている。禅寺の枯山水《かれさんすい》にたいして、「自然界を完全にコントロールしようという支配的精神」と見なした一節があった。そして、エマニュエル・マレスにいたっては、京都の庭師のもとに弟子入りして、庭を作り、手入れをする側から庭に関する思索を実践的に深めようとしている。

ふと思いだすことがある。本書の第6章でも言及しているのだが、岡本太郎が京都の庭園について論じた長編のエッセイ、「中世の庭」（『日本の伝統』所収）である。このエッセイの背景には、パリ時代の仲間であったアヴァンギャルド芸術家のアルプの姿が見え隠れしている。太郎とアルプは、ドイツ版の日本庭園の写真集を前にして、熱く芸術論を交わしたことがあった。その庭園の飛石のフォルムは、アルプの抽象絵画そのものであった。そこに見いだされる偶然の符合を、どのように解釈すればいいのか。それから十数年の歳月を経て、アルプから手紙が届いた。アルプはそのなかで、一九五四年のヴェネツィア・ビエンナーレに出品された太郎の作品について、「観る者を、〝禅の庭〟（非合理な、秩序づけられた無秩序の、聡明な節度）に誘う君の作品に、特別な関心をもってひきつけられた」と評していたのだった。太郎はそれから間もなく、京都の庭園を訪ねたうえで、アルプへの応答を「中世の庭」というエッセイとして提示したのである。これに関しては、すでに『岡本太郎という思想』のなかで、わたしなりの理解の輪郭程度を示してあるので、ここでは触れない。

わたしはここで、まったく唐突に、立原正秋の『日本の庭』という著書を思い浮かべている。立原が朝鮮半島出身の作家であることを思うとき、庭というテーマがどこかで、日本的なるものとはなにか、という問いにたいするリトマス試験紙のように感じられてくる。岡本太郎もまた、立原とは異なった立場ではあるが、異文化のはざまに生きることを強いられた表現者の一人として、庭というテーマにつかの間引き寄せられたのではなかったか。そして、このわたしの小さな本のなかに登場する異邦人たちがやはり、それぞれに庭に魅かれ、庭についてなにごとかを語っているところにも、庭が帯びるリトマス試験紙としての意味合いが透けて見える気がするのである。

あらためて、日本という不思議の国へと赴くことにしよう。神秘は生活のかたわらにこそ転がっていることを信じて。

第1章　社会的な芸術を探して

――パーシヴァル・ローエル

1 中世なきアメリカからの亡命者

この人の名前を知る人は、たぶん多くはない。パーシヴァル・ローエル（一八五五〜一九一六）という。ローエルは後半生においては、『火星』という著書を刊行して、火星には高等生物が棲息しているという説を唱え、また数学的な計算によって、海王星のかなたに惑星X（冥王星）が存在することを予知・確認したことで知られる天文学者であった。そして、その前半生においては、グローブ・トロッターつまり世界漫遊家として、とりわけ日本を四度にわたって訪ねている。『極東の魂』『NOTO——能登・人に知られぬ日本の辺境』『神々への道（オカルト・ジャパン）』などの日本論を著したが、その内容を深く知る者はたしてどれだけいるだろうか。

ローエルは二十代の終わりに、はじめて日本を訪れている。明治十七（一八八四）年の二月に横浜の港に降り立ち、夏まで滞在した。若きローエルは、「東洋の神秘思想にあこがれる知的亡命者」（宮崎正明『知られざるジャパノロジスト』丸善ライブラリー）の一人であったのかもしれない。南北戦争が終わり、アメリカでは産業主義や機械万能主義が全盛の時代を迎えようとしていた。それを忌避した若者たちの一群が、極東の国々、とりわけ日本へと引き寄せられていたらしい。日本では、世はいわゆる鹿鳴館時代であり、まさしく逆に西欧文明への憧れこそが都会の人々の心を捉えていた。

わたしはその宮崎の著書のなかに引かれた、ローエルがアメリカの母に向けて書いた手紙の一節に関心をそそられた。信州の松本城を訪れたときの印象記である。若きローエルの心は、崩れかけた城壁を眺めていたとき、「遠い中世の昔」へと誘われていった。そして、「子供のころ記憶に残った中世という言葉の意味したものは、童話の世界ではなかったのか」と思う。しかし、それはたんなる空想の所産ではなく、「確かにそうした時代が過去に存在したのであり、私の記憶の中にあるヨーロッパの中世は東洋の中世と時を同じくして存在したのだ」と、さらに思いを巡らすのである。

宮崎が指摘していたように、歴史の浅いアメリカにはそもそも中世というものが存在しなかった。そして、かれらの原郷をなすヨーロッパの中世はすでに過去に属しているが、たとえば日本の中世はたんなる過去でなく、むしろ現代のすぐかたわらに残影を生々しくさらしていた。あえて言ってみれば、日本ではいま・ここに中世や古代が、ときにむき出しの露頭をさらして転がっていることに、おそらくローエルは鋭敏にも気づいたのである。

ローエルが中世なきアメリカからの旅人であったことを、記憶に留めておかねばならない。はじめての日本紀行である『極東の魂』(一八八八、邦訳は川西瑛子、公論社)は、こんな一行をもって書き起こされていた。すなわち、「始めて横浜の土を踏んだ時、少年の頃、地球の裏側ではすべてのものが逆様になっていると当然信じていたことが、はっと彼の胸をついて蘇ってきた」と。たしかに、幼いわたしなども地球儀を眺めながら、地球の裏側の国の人たちはどうやって落っこちずに暮らしているのだろう、さかさまの国があるのだろうかと、不思議に思っていた。

日本という不思議のくに。そこでは、人々は「重力に対する公然の挑戦」をおこない、その世界は「われわれの世界の巨大で滑稽な反対物」である、という。かれら日本人は言葉の順序をまったく逆にしてしゃべり、筆を右から左に動かして文字を書き進め、本を最後のページから読む。濡れた傘は柄のほうを下にして立てかけ、マッチは外側に向けて擦る(……そういえば、鋸は手前に引いて使う)。

しかし、この国の人々も人類であり、この奇矯さにもかかわらず、また彼らも人間である。……実際、彼らの様子は、われわれそっくりに見える。しかし又彼らは全く別もののように見えるのだ。われわれが彼らの姿を眺める時、それはまるで人々を大笑いさせるような滑稽な心の鏡にわれわれ自身の人間性を映して見ているようなものだ。その鏡はわれわれの持っている身近な考え方を映してくれるのだが、それは皆あべこべに映るのだ。滑稽の化身が鏡を持って立つと、われわれは自分自身が映っている姿を見て、それを笑いものにするのだ。（「第一章　個我」、傍点引用者、以下同）

そうかもしれない。われわれもまた、たとえばローエルが手にした「滑稽な心の鏡」に映しだされる自身の姿を前にして、笑い者にされているような気分になり、ときには途方に暮れるのだ。とりわけ、ローエルという明晰にして曇りなき鏡には、思いも寄らぬものがさまざまに映りこんでおり、関心をそそられずにはいない。

2　科学ではなく、芸術こそが女神だった

日本人は野蛮や未開の民族ではないが、「半開化」の状態にあるといわれる。それはし

かし、西洋文明と比較してではなく、人間性のついにいたるべき可能性としての姿との比較において、「半開化」なのだと、ローエルはいくらか難解な注釈を施す。「半開化」とはなにか。西洋も東洋もどちらも、すべての事柄においてたがいの手本となるほどには、完璧ではない、ともいう。ローエルはあきらかに、無邪気な西洋中心主義とは無縁な知性の持ち主であったことに注意しなければならない。

　さて、以下の「第一章　個我」の一節には、とても大切なことがみごとに語られている。それがまさしく、われわれ自身が自己認識として持つことがたやすくはない事柄であることに、注意を促しておく。

礼儀正しさ、感受性の繊細さでは、他にこの国と肩を並べるものはない。この国では、その昔から現在に至るまで、芸術は人々の女主人である。だが科学は決して人々の主人とはならなかった。この国の人々がかしずいて来たのは、科学ではなく、芸術の女神であったという正にこの理由によって、もたらされた結果はさらに広く人々の間に浸透して行ったのであろう。この国の文化というものは、少数の人々が手に入れるべきものではなく、一般大衆の共通の財産なのである。知的精神の高峯が数少ないとは言え、一般の台地の隆起はかなり高い。平凡な茶屋の娘が行儀作法の手本であり、日雇い人夫たちが、仕事の合間のなぐさみに将棋をさすような国に文明が存在することをとりわけ証明する必要もないであろう。

ここに見える科学／芸術の対比は、しばしば登場してくるものだ。むろん、ここで語られているように、日本はまさしく芸術の国であった。あらためて触れるが、ここでまず、礼儀正しさや感受性の繊細さといったものを、ローエルが日本文化の大切な特性と捉えていることに注意したい。そしてそれは、日本人が科学ではなく芸術を、女神つまり価値規範の核としてきたがゆえに、醸成されてきたものであった。しかも、それはそのままに、日本文化がだれか特権階級に専有されることなく、一般大衆にたいして開かれた公共財産であるという、もうひとつの特性にかかわる。なぜ、日本では茶屋の娘が行儀作法のモデルになりえるのか、日雇い人夫がどこか深遠な面持ちで将棋を指すのか。おそらく、そうした文化は欧米にあっては、かぎられた裕福な階層の人々にしか期待してはならないものであったのだ。

わたしはふと、イザベラ・バードの『日本奥地紀行』の一節を思いだす。バードはたしか、こんなことを驚嘆とともに書き留めていた。日本では、どこの村や町にも図書館（貸本屋か）があって、たとえば縁側に褌《ふんどし》ひとつで寝そべって本を読み耽っている男の姿を見かけたりする、と。これは学制発布から間もない時期のことである。したがって、こうした一般大衆レヴェルの識字率の高さや文化的な素養の深さ・広がりといったものは、あきらかに近世社会のなかにすでに根付き、培われていたものであったと考えねばならない。科学／芸術の対比というテーマが、「第五章　自然と芸術」に詳しく説かれている。章のはじまりに近く、以下のように見える。ここで「極東の人」は、とりあえず日本人と同義といっていい。

> 極東の人にとって、彼らの全存在を貫き、しみ込んでいるものが一つある。それは意識された思想内容というより、無意識的な思考の型といった方が良いかもしれない。何故ならば、それは彼らの思想を形づくる或る一つの材料となるものではなく、彼らの全思想を形づくっているものなのだ。それは芸術である。彼らにとって芸術とは生れながらにして持っている権利のようなものだ。彼らにとって芸術的感覚とは、直感的に順応できる本能の一種であり、それを表現するために遥か昔より代々その技を伝えて来た。彼らは全身全霊で驚くほど巧妙にその技を使う。彼らは頭のてっぺんから爪先まで芸術家である。手先の器用さにも感心させられるが、

しかし彼らの芸術的感覚の鋭さにはさらに感嘆させられる。それは完璧なまでに芸術家である。宇宙についての彼らの理解は劣っているがしかし美についての感覚は鋭い。彼らにとって科学とは見ず知らずのものだ。彼らは芸術とは最も親密な関係にある。

極東の人は、生まれながらにして、全身全霊において芸術家であり、みずからの芸術的感覚を巧みに表現する技を代々にわたって継承してきた、そう、ローエルはいう。ところが、かれらにとって、科学はあくまで見ず知らずの異邦人である。すなわち、「物事の原因理由を知ろうとする願い」という西洋の抑えがたい欲望に源を持つ、いわゆる科学主義は、極東民族のものの見方ではないということだ。

しかも、このあとで、「東洋において芸術的感覚が大衆のものとなっているほど、西洋の一般大衆には科学の精神が浸透していない」とも、ローエルは指摘している。そもそも芸術はすべての人の心を打つ「普遍的言語」といっていいが、科学は心情的にはだれの心にも訴えるものを持たない。科学が没個性的というよりは、反人間的なものであるのにたいして、芸術はかぎりなく没個性的である。芸術の精神は親しみやすく、感覚や情緒を仲立ちとして人の心に入りこみ、そこをみずからの棲み処とする。そして、それゆえに、人間の個我にではなく、「すべての人間が共有している人間性」に囁きかけることにおいて、没個性的となるのである、という。

3　美の精神はすべてに影を落としている

あるいは、「第五章　自然と芸術」には、こんな印象的な言葉が書きつけられてあった。

ヨーロッパとアジアにおける最も没個性的な国、すなわちフランスと日本は最も芸術的な国でもあるということは単なる偶然ではない。この二つの国が抜きんでている礼儀正しささえも、それは芸術の一形式にすぎない――それは仲間たちと快く生活するための社会的芸術である。

とても心惹かれる一節である。没個性的という言葉が、もはやマイナスの意味合いに封じこめられていないことは、幾重にも示唆的である。中世を知らないアメリカ人の若き旅人は、深い憧憬とともにフランスと日本を没個性的なる言葉をもって繋いでみせた。明治二十一年、いまから百三十年足らずの昔のことである。二つの国の人々に見いだされる礼儀正しささえも、芸術のひとつの形式、つまり「仲間たちと快く生活するための社会的芸術」であるという。ローエルの思索はとても繊細に、なにかを探り当てていたのではなかったか。社会的芸術という言葉はなんとも魅力的であり、むしろ、二十一世紀はじめのいま・ここにおいてこそ深いメッセージ性を持ちうるものかもしれない。

やはり、「第五章　自然と芸術」から引いてみる。東京の夜の賑やかなブロードウェイと、昼間の静まり返った神社の境内について、細密画のように叙述したあとで、両者がともに「名付けようのない優美さ」を持つことで類似している、とローエルはいう。

この美の精神はその内に優れたものを擁しているというよりは、すべてのものに浸透しているという点に特色がある。客観的にも主観的にもこの精神は普遍的に存在するという特色を持つ。その精神はすべての事物を彩り、すべての人間に影響を与えている。この精神は日常の事物に広く適用されているので、日本には機械的技術は存在しないといってもよいかもしれない。というのは、これらはすべて芸術の域にまで高められているからだ。最も下級な職人さえ、その本質は芸術家である。

ここでは、美の精神はすべてを彩り、すべての人に影を落としている。そうして日常的に使われる事物《モノ》さえもがまったく芸術的であり、それらを作る平凡な職人でさえ、芸術家=アルティザンである、そう、ローエルは指摘しているのだ。いやいや、これはいささか称讃の度合いが過ぎるのではないか。しかし、このすこしあとに、「日本料理は食べて旨いというよりは、眺めた方がはるかに美しい」という言葉があって、一瞬のいぶかしい思いは消え失せる。それならば、現代にあっても、われわれ自身がたしかに経験していることだ。日本の料理人たちの技術は高く、しかもかぎりなく美的な技として、海外の人々から評価されているではないか。

こんな一文もあった。すなわち、「日本人は場所を賞でるだけではなく、また時を賞でる」と。たしかに、われわれの古典的な美意識のなかでは、ある場所は日の出に、月夜に、春に、秋に、と訪れるべき時が決まっている。もっとも眺めのよい場所には茶店があり、やさしい娘がいて茶や菓子を運んでくる。男たちはみな詩人となり、たがいに即興の詩や歌を披露しあって楽しむ。自然の美しさはいわば大衆化されており、「私一人の楽しみ」は求められない。美の共有を避け、独占したいといった欲望は、この没個性的な文明のもとでは見いだすことがむずかしい。

これもまた、思いがけぬ光の当て方ではなかったか。にわか詩人たちの饗宴は、まさに「仲間たちと快く生活するための社会的芸術」の場であったにちがいない。作られる短歌や俳句がどれもこれも、月並み調の平凡きわまりないものであることは、瑕疵《きず》とはならない。これはそもそも没個性的な文明なのである。ここは真っすぐに芸術の国であった。

4　天賦の優美さと、麗しい声に魅せられて

ローエルが日本文化においてきわだつ礼儀正しさについて語りながら、貧しい茶屋の娘がまさに礼儀作法の手本であることを、驚きをもって指摘していたことを思いだす。『NOTO――能登・人に知られぬ日本の辺境』（一八九一）のなかには、こんな一節があった。ローエルは能生《のう》という、直江津と親不知のあいだの貧しい漁村に泊まった。まるで洞窟のように粗末な、それでいて清潔な畳の宿であった。

丁寧をきわめた接待を受けた。主人の口上に続いて、盆にお茶と梅の実の砂糖漬けをの

せて運んできた女中が、また頭を下げる。「お客様が、お泊りになられましたことを、心からお喜び申し上げます」と言い、女中はからだを膝のうえに折り、可愛らしい頭を畳の表面にくっつけてお辞儀をする。その声は天女のような響きだった。ローエルは思わず、「抱きしめたいような」気持ちになるのである。女中は「お客様には、お茶をお召し上りになりますか。長い御旅行で、さぞお疲れでございましょうに」と述べて、お茶を茶碗にそそいだ。そして、なにかの晴れやかな儀式のように、それをかたわらに置くと、お茶とローエルを残して去っていった。

えもいわれぬ美しいものがやって来、ほのかな香りをただよわして去ってゆくのだ。私はその場に坐りきりになって、密かに彼女のことを心に描き、日本以外の世界のどこの国に、このような天賦の優美さと、麗しい声をもった女中がいるものかと考える。

こんな優しさに溢れる女中の手からならば、私はいつまでも茶碗に茶をついでもらって、それを飲みつづけていたいものだ。

ローエルばかりではなかった。こうした宿の女中や茶屋の娘の「優しさに溢れる」接待に、心を奪われた欧米の男たちはたくさんいた。多くの証言が残されている。そして、それは男ばかりではなかったのだ。四十代半ばのイギリス人女性であったイザベラ・バードもまた、山形県の手ノ子という駅舎で出会った人々の優しい対応に、胸がいっぱいになったことを書き残していた（拙著『イザベラ・バードの東北紀行　会津・置賜篇』平凡社）。

それから、ローエルは「ここはこの世の楽園であることは疑いなく……」と、呟きの言葉を書きつけたのだった。二度と、この迷宮のような宿に泊まることはないと知りながら、ローエルは思う、「私の魂はきっと時折りあの宿屋に戻ってゆき、客間で温かく主人や女中たちに迎えられ、小さな庭に溢れる今朝と同じ太陽の光の、明るいほほ笑みを受けることだろう」と。ローエルがその宿で至福の時間を過ごしたらしいことだけは、否定するのがむずかしい。

能登街道では、こんな感想を書き留めている。

> 往来する旅人も多く、どの人を見ても元気そうで、商用かなにかの旅なのだろうが生気が身体中に溢れ、身体から外部へ放射しているようにさえ見える。他の人たちがなんと言おうとも、私は日本人は地球上で最も幸福な民族の一つであると言いたく、それは彼らに接すると、こち

らの心が強く魅きつけられる事実でも明らかだ。

幕末・維新のころに日本を訪れた異邦人たちがくりかえし、当時の日本人がみな生気にあふれ、陽気で、いかにも幸福そうであったことを、紀行のなかに書き留めている。かれらはたしかに、日本人がこの地球上でもっとも幸福な民族である、すくなくともそのひとつであると感じたのだった。

それにしても、能登半島をゆく旅には、たしかに幸福感が漂う。明治二十二（一八八九）年五月、ローエルは三十四歳であったか。その二年後の夏には、木曾の御嶽山に登り、ある不思議に満ちた光景を目撃したのだった。そうして、いきなり「神秘の国・日本」の深みへと降り立つことになった。

5　神道とはなにか、という問い

ローエルの日本文化についての最後の著書となった『神々への道』（一八九四）のはじま

りの章には、こんな体験が語られてあった。御嶽山の曲がりくねった山道を苦労して登り、標高九千フィート（約二千七四五メートル）の地点に達した。何年か前、二〇一四年九月二七日の御嶽山噴火の惨劇が生々しく蘇る。まさに、ローエルはその百二十数年前に、その同じ場所で「神々と交わる人々」とのはじめての邂逅を果したのである。

その時、突然、驚くべきものと偶然に出くわした。それを隠していたヴェールが突然取り除かれ、我々は、未知なるものに見入ることになった。我々は、神と差し向かいで立つことになった。この予想もしなかった天の啓示を図り知ろうとして、広く分布している重要な秘教的習俗の世界を発見することになった。……催眠状態にあるかのような休火山の頂上に、その舞台が準備されている神々の儀式は、極めて劇的なものであった。

全身に白い巡礼服をまとった三人の若い男がいた。ローエルは友人と二人、それら御嶽山の行者たちによる「神憑りのトランス」を目撃したのである。それからの二か月半ほどのあいだ、ローエルはフィールド・ワークを重ねて、「神の憑依」についての謎を解くための研究に没頭する。それは「日本人の性格と本能の心臓部と心の奥底に埋め込まれた秘教的儀式であり、それらの奇妙さの故に、日本人は、我々にとって不可解な人種であると思われる」が、なによりも「私以外の外国人がこれらの神々のことを知らない」ということこそが、もっとも不思議に思われる、と書いた。むろん、自分だけが「神秘の国・日本」の深層に到りついた、という自負の言葉であった。

これらの「神の憑依」の研究によって明らかにされるように、日本は、日本人自身によっても、いまだ科学的に未発見の国である。それらの重要性は、考古学的であると同時に霊的である。すなわち、それらは、偽者でもなければ、中国やインドから移入されたものでもなく、日本人による独創的な創造物であるからである。それらは、そんなものがあることなど誰も今まで思ってもみなかった、古い土着の宗教である神道の秘教的側面である。

ローエルによれば、御嶽山は「あの世への魂の巡礼の目的地」であった。巡礼者たちは、たんに神を讃えるためにではなく、実際に神の化身となるために、この山の頂きをめざすのである。神々が巡礼者を受け入れる六週のあいだ、そこでは神による憑依が毎日のように起きる。御嶽山は、神と人とのあいだで、そうした交流が生じる唯一の場所と考えられている、という。

神道とは何か、という問いが浮上してくる。とりわけ、「神の憑依」と名付けられた宗教的な現象についての実際のフィールド・ワークの成果として、それが説き明かされている。神道つまり神々の道とは、「日本人の最古の宗教的信条」を指しているという。

ローエルによる神道の理解は、ある深みにまで届いていたのではなかったか。それは日本人の「生得の信仰」であり、「外国から移入されたもの」ではないことが、くりかえし指摘されていた。この民間信仰は、太古の昔から、おさな子たちが母親の膝に抱かれながら聞かされ続けてきたものであり、ただ実存的に存在しているものである。それは「古代日本人の宇宙観」であり、かれらの自然崇拝と先祖崇拝とが組み合わされたものである、という。

あるいは、そこでは、「神々は決して道徳的戒律を布告しない」といった指摘も見られる。それゆえに、外国人研究者はたいてい、「神道は宗教としての実体を欠いた信仰の亡霊にすぎない」と見なしてきたのだった。あのイザベラ・バードの神道の理解がまさに、そうしたものであった。神道には「何の意味もない」と、バードは書いた。たしかに神道の外見もまた、「骸骨のように魅力を欠くもの」ではあった。しかし、ローエルは「神道の信仰の単純素朴な美しさ」に気づいたのである。

神道は、最初に一目見た感じでは、単なる信仰の骨格だけであるが、詳しく調べてみると、その単純さの中に、ほとんど壮大さにも等しいすばらしさを持っていることが判る。それは、聖職者の地位も、入念な儀式も、高価な神社も必要としない。何故ならば、神道は、これら全てのものよりも優れた可視的な何かを持っているからである。それは、まさに、可視的な神々である。神道にとって、神々は常にそこにいる。そして、杉の巨木の林には、もはや居住者がなく、素朴で骨組だけの住居にも、もはや主人はいない。というのは、いつの瞬間でも、彼等は、人の形をした神の霊という形をとって浸透することができるからである。

たとえば神道は、キリスト教が宗教としての不可欠の道具立てとして必要とする、聖職者の地位・入念な儀式・高価な宗教施設といったものを必要としない。神々はいつでも、そこに遍在するのだと信じられている。神々がけっして道徳的な戒律を強いることがないことも、周到に指摘されていた。

霊は、必ずしも善良ではない。人間から見て、植物や動物や人間の中のあるものは、明らかに無害であり、別のあるものは、明らかに有害である。有害なもの〔者〕は、悪いもの〔者〕である。無害なもの〔者〕は、一部は善いもの〔者〕であり、他はそうではない。……この倫理体系の下では、人間にだけ原罪がある、ということはない。

人間にのみ課せられた宿命としての原罪といったものは、神道の倫理体系のもとでは認められない。そう、ローエルはいう。いわば、神道には原罪の観念そのものがなく、道徳的な戒律をもって人々を縛ることもない。またしても、イザベラ・バードを想い起こさずにはいられない。バードはたしかに、日本人が犠牲・原罪・永遠の命といったキリスト教的な観念にたいして、厳しい忌避感を持つことに気づいていた。それゆえに、キリスト教の布教のむずかしさを指摘しつつ、同時に、日本人が道徳的な水準の低いことを批判せずにはいられなかったのだ。

ローエルの立場はいくらか異なっていた。ローエルはこの『神々への道』のなかでも、「日本人は芸術家であって科学者ではない」ことをくりかえし指摘していた。神の憑依もまた、ほかの物事と同じように、科学ではなく芸術であった。それを認めながら、しかも、ローエルその人は徹底して科学的なアプローチをおこない、ほとんど参与観察にひとしいやり方で、日本人による宗教的な憑依現象について、いわば神秘というものについて、その肉体と精神をめぐる「技術の原理」を明らかにしていったのである。

6　巡礼、または浮かれた陽気な妖精たち

わたしは『神々への道』のなかで、巡礼について論じられた章にとりわけ関心を惹かれた。ローエルは日本の巡礼には、注目すべき三つの特色があるという。第一には、巡礼をしたいと思う一般民衆の「確固とした衝動」である。たとえば、芸術がまさにそうであるように、巡礼精神は上流階級に専有されているものではなく、日本人誰しもが生得的に持つものである。それは、巡礼に出かけるのが主として身分の低い人であり、身分の高い人は少ないことに、はっきりと示されている。

第二には、巡礼は純粋に日本特有の現象である。かれらが巡礼をおこなう姿は、まさしく島国的なのである。巡礼の有名な目的地には、日本中から神道の信者が群がり押し寄せ

てくる。この国のいたるところからやって来た人々が、巡礼の旅のなかで出会うのである。集団生活をいとなみながら、「列島の端から端まで旅をする」ことが、巡礼者たちにとってたいへん大きな楽しみになっていると、ローエルは指摘する。

さらに、以下のように、日本的な巡礼の姿がとても愉しそうな筆遣いで綴られている。念のために、あらかじめ言い添えておけば、著書に挿入された巡礼者たちの写真はみな、ローエル自身の撮影になるものだ。だから、以下に語られている巡礼者像はたんなる空想ではなく、おそらくローエルの同行取材に近い見聞にもとづいていたことが予想される。

第三点は、彼等は、おそらく世界で最も非宗教的な巡礼者であることである。一口に言って、彼等は、かすかに宗教的な匂いをさせながらピクニックをして渡り歩いている集団である。一体どんな寛大な神様が、彼等を信者として受け容れるのか、と疑わざるを得ない。巡礼者の集団より陽気な世俗的一団に出会うことは難しく、宿屋で彼等と隣の部屋に泊まるということは、舞踏会に招待されるようなものである。彼等は、チョーサーの物語の登場人物の不機嫌な托鉢僧よりも、浮かれた妖精の一団に遥かに近い。

ローエルの観察は鋭利にして、不思議なほどにやわらかく、ノスタルジーに満ちている。この巡礼者たちは、かすかに宗教的な匂いを漂わせてはいるが、呆れるほどに陽気な、まるでピクニックのように巡礼の道を渡り歩いている「浮かれた妖精」たちなのだ、という。チョーサーの『カンタベリー物語』に登場する巡礼者たち、その「不機嫌な托鉢僧」との比較が、なんとも面白い。

それでいて、ローエルの分析はじつに的確なのである。日本人はいわば、巡礼の旅そのものを楽しむために巡礼に出かけるのであり、信心はそうした「楽しみを持つことへの後ろめたさを軽減する」ために必要とされるのだ、という。巡礼者の集団は、社交性に支えられている。喜びを分かちあうことが、喜びを増やすことになるし、財布を分かちあうことが経済的な安心をもたらす。

夜になると、祭りは、宗教的であると同時に楽しい酒盛りとなり、敬虔な歌が全く世俗的に歌われる。最後には、巡礼者も女中も、その他の者も、みんな酔いつぶれる。巡礼者たちは立ち上がり、女中を真中に入れて輪をつくると、伊勢の賛歌を歌いながらぐるぐる回り、女中は、その合唱に合わせて好色な動作をする。一行の毎晩は、この非禁欲的な流儀の騒ぎで終わる。

みごとな日本文化論であった。とても深いところに眼差しが届いている。とはいえ、これを最後にして、ローエルが日本文化について語ることはないだろう。ここからは、天文学者としての後半生が始まる。日本よりもはるかに遠い火星へ、冥王星へ。

第2章

女という、美しき神秘

——ヴェンセスラウ・デ・モラエス

1　死をめぐる内的な随想ノート

ヴェンセスラウ・デ・モラエス（一八五四〜一九二九）の名前は、ラフカディオ・ハーンつまり小泉八雲ほどではないにせよ、何冊もの日本文化をテーマとした作品によって知られている。ポルトガルのリスボンに生まれ、海軍士官として世界中を渡りあるいたが、一八九九（明治三二）年には在神戸ポルトガル領事となり、日本に定着している。すでに、このころには『極東遊記』（一八九五）や『大日本』（一八九七）などの成功によって、作家としての地位を確立していた、という。

そのモラエスが、突然、神戸領事を辞めて、軍籍やあらゆる権利を棄てて徳島に移り住んだのが、一九一三（大正二）年のことだ。ここで取りあげてみたいのは、『徳島の盆踊り』（一九一六）という、徳島での最初の一年間に書き綴られたエッセイ集である。いまひとつが『おヨネとコハル』（一九二三）であるが、これは後半で触れることになる。『徳島の盆踊り』のはじまりの一節には、以下のように見える。

さて、先ごろ、運命は私をふたたびこの町に投げ入れた。数日ではなく何日も何日も。ここで私は暮らし、ここでおそらく死ぬであろう。ここで私は、暇な時間――たくさんあるが生産的な時間はほとんどない――に気ばらしにこの内的随想ノートを書くことを思いついた。(「表題について」)

モラエスはここで、遠い異国・日本の、小さな地方都市・徳島からポルトガルの読者に向けて、「内的随想ノート」を送り届けようとしていた。そのタイトルがなぜ、『徳島の盆踊り』であったのか。むろん、幾重にも必然の糸はあったし、ひそかに張り巡らされてもいた。この書は「内的随想ノート」と呼ばれているが、モラエスはたしかに、ここで、くりかえし死をめぐる記憶をたどり哲学的な思索を重ねている。そして、そこにはひとつの死の記憶が沈められていたが、それがはっきりと名指されることはなかった。多くのことが秘められ、とても暗示的に語られているのである。

結局、第一節を読んでもはぐらかされたようで、うまくタイトルの意味は了解できない。これはすくなくとも、徳島名物というべき盆踊り(阿波踊り)の見聞記や考察の書といったものではない。しかし、それが死というテーマに深くかかわることを思えば、このタイトルははぐらかしではなく、まさに全編をつらぬくテーマを真っすぐに予告していたのである。

最終節に近く、盆踊りの見聞は次のように綴られていた。

人々が主だった通りを埋めます。ときどき、騒々しい一群の人がどこかしらの路地から現われて、大声で怒鳴り押し合いへしあいしながら進んでゆきます。高く掲げた提灯が人影――男たち、女たち、こどもたち――を幻想的に照らし出し、日本のギター〔しゃみせん〕をつまびく者もいれば、小唄を歌う者、踊りながら憑きものにとりつかれたかのような身ぶりをする者もいます。中でひときわ目立つのは「げいしゃ」で、伝説的な用途の幅広の帽子〔鳥追いの編笠〕に半ば顔を隠した、豪華な絹の上衣姿の実に優美な「げいしゃ」もいます。けれども、踊るのは「げいしゃ」だけではありません。町の人口の半分が、老いぼれ爺さんも、老いぼれ婆さんも、幼ないこどもも踊り、誰もが打ち興じ、死者を賛えるのです。（「盆まつりをめぐる風習盆踊り」）

「げいしゃ」とは、モラエスその人による名付けであったか。ともあれ、モラエスは女踊りの美しさに心惹かれたのではなかったか。むろん、踊りは現代よりはずっとテンポもゆるやかで、華麗さもすくなかったにちがいない。百年前の阿波踊りについての知識は、残念ながら、いまのわたしにはない。

この盆踊りについて、モラエスは以下のように説いている。それは、陰暦の七月十三日から十五日にかけておこなわれるお盆＝死者の祭り、そこで熱狂的にくり広げられる踊りである。その数日間は、この世で、生ける者と死せる者とが「特別の友愛の日々」を過ごし、だれもが霊となって家族のもとに帰ってくる「亡くなった愛しい人々」を慈しむのである。哀れな闖入者であるモラエスもまた、踊りの群れのかたわらにいて、幾人かの亡くなった知人たちのことを思いだすことになったらしい。

モラエスによれば、この盆踊りは日本の家族がみな死者たちを崇めていた、はるかな未開の時代から続いている「神秘的な祝いの儀式」である、という。あるいは、それは「古典的な輝き」にあふれ、「あらゆる死者に捧げられた祭りらしい神秘的熱狂」に包まれていた、ともいう。この祭りがより活気にあふれるのは夜になってからだ。そこには、忘却されつつある「未開時代の先祖から受け継いだ、強度の神秘的錯乱」を思わせる、いかにも「常軌を逸したカーニバルとの類似性」を認めないわけにはいかない、という。

いわば、ここでのモラエスは、死者にたいする崇拝や信仰、古い時代から受け継がれてきた神秘的な祭り、西洋のカーニバルと類似する錯乱と熱狂といったものを、盆踊りについて語るための指標として取り出していたのである。カーニバル的な表層に眩惑されることなく、年に一度の死者を迎える祭りのなかで演じられる踊りであることに、モラエスの眼差しはしっかり届いていた。それゆえに、『徳島の盆踊り』という著書は、日本人の宗教についてのすぐれた観察と思索の書でありえている。

2　かぎりない流離とつかの間の隠棲

それにしても、モラエスがくりかえし描いてみせた、徳島の地に孤独に生きる「ケトージン（毛唐人）」としての自画像は、かぎりなく哀切であり、痛ましさを誘われるものだ。徳島の人々は、モラエスがポルトガルで名の知られた作家であることを知らなかった。モラエスは日本の若い娘と同棲している好色な外人、毎日のように墓地に通う変な外人にすぎなかった。そして、この、綿入れの袖無しチャンチャンコを着た毛むくじゃらの大男を、人々は「毛唐人」や「西洋こじき」と呼び、子どもらは石を投げつけたのである（『おヨネとコハル』、岡村多希子の解説による）。それどころか、皇太子の巡幸の折りには、群集のなかにいたモラエスは「あっちへ行け」と追い払われたのだ、という（『明治文学全集』第49巻所収の「年譜」による）。

徳島にやって来たモラエスは、精神を病み、遠からず訪れるにちがいない死を予感していた。徳島はまさに、みずからが死すべき土地として選ばれたのである。モラエス自身の言葉によれば、「現世の肉体の棲家であったあわれな亡骸を気まぐれにもここに脱ぎ捨てにやってきた異国人」であり、その魂は深い苦悩に打ちのめされていた、ということだ。

その衰弱した精神は、文明化された大都会のなかに転がっている、偽りの外観によって飾られ洗練された生活には耐えられない。モラエスはだから、徳島の素朴な田園風景に惹かれ、そこに自由や平安を求めようとした。その地のはじまりの印象は、まったく魅惑的なものであった。モラエスは「慈悲と恩寵」の雰囲気に包まれて、思わず通りすがりの人たちに微笑みかけたのである。その人たちも微笑を返してくれた。

……私はその微笑を、避難所として選んだこのもてなしのよい土地で身心の疲労を回復するようすすめてくれる心やさしい挨拶の言葉と解して、感謝したのであった。それが私の思いちがいであったことを、そしてヨーロッパ人を心底憎悪している無愛想で保守的なこの善良な徳島人の微笑は、打明けたところ高齢のため背が曲がり、骨ばり、老いぼれた、このグロテスクな私という見本がまずいことに代表している白人に対する軽蔑と反感を、単にあらわしているにすぎないことを知ったのは、のちになってである。（「徳島の印象」）

徳島はいわば、傷ついた魂が乞いもとめたアジールであった。ところが、「慈悲と恩寵」のシルシであるべき微笑が、その裏側に貼り付けている「軽蔑と反感」を剥きだしにするまでには、たいして時間はかからなかった。徳島の日々は、こうして身勝手な期待と無愛想な裏切りに彩られながら、ゆるやかに幕を開けていったのである。しかし、だからこそ、モラエスは半端な避難所に逃げこんで、繭に包まれながら幻想を紡ぐことを許されなかった。それはいくらか逆説的ではあるが、思索者としては幸運なことであったかもしれない。

私たちヨーロッパ人は、たとえ隠棲しても、たとえ迷妄から覚めても、たとえ生の激動の旅の終り、人種的特性である不安にみちた精神生活の終りに近づいたとしても、その想像力は常に利己的に落着きなく苦悩にのたうちつつ働き、己れの悲しい不運にこだわり、失われた夢を歎き、ついには、間もなく訪れる恐るべき神秘――死という化け物――におののくのだ！（「私の随想を書くにあたって」）

モラエスは西欧人としての自己を相対化しなければならなかった。こうした死をめぐる自己認識が、徳島の人々の死にまつわる信仰や習俗との出会いを通して、あるいは、その照り返しのなかで育まれたものであったことを忘れてはならない。たとえば、モラエスが見いだしたのは、次のような日本人の死生観であった。

老い衰えた日本人が、自然が人間に課す、一見したところもっとも厳しい掟である死を前にして穏やかな諦念にひたっていられるのは、死者崇拝のおかげである。死んで神格化されること、死んで家庭の中にその場を占め続け、妻あるいは夫の、子どもたちの、孫たちの、曾孫たちの、玄孫たちの、未来のすべての世代の愛情をうけ続けることは、実を言えば、死ぬことではない。生きること、永遠に生きることなのだ！（「死者の霊と生者の関係」）

かつて、日本人は死というものを、「恐るべき神秘」や「化け物」としては体験していなかった。その伝統的な死者崇拝においては、家族の内なる死者たちはある種の神格化を受けて、いわば祖先神として子孫によって祀られつづける。それはまさに、死ぬことではなく、永遠に生きることではなかったか。すくなくとも、モラエスその人はそのように感受したし、そのように信じたのである。

ともあれ、徳島の地を舞台とした「流離と隠棲」の日々のなかに、その内的な随想ノートが書き継がれてゆく。モラエスはいくらか愉しげに、みずからの「精神的自殺を悔いはしない」（「神戸への旅　徳島隠棲一年で学んだこと」）と書いた。この著書の執筆にあたって、日本の随筆文学のいくつかが取りあげられていたことを想起するのもいい。とりわけ、鴨長明の『方丈記』に触れたあたりには、モラエスの強い共感と愛着が感じられる。隠棲とか精神的な自殺といった言葉を仲立ちとして、モラエスと鴨長明は響き合っていたにちがいない。モラエスはあきらかに、二十世紀日本の田舎町に隠棲した世捨て人、もう一人の鴨長明であることを願ったのである。

とはいえ、モラエスはあくまで、異邦の地に漂着した魂の亡命者であった。みずからが「手に負えないボヘミアン」であること、そのボヘミアン的な本性からして、みずからが

「どこへなのかわからない、暗黒へ、不可知へ、まったくの未知と不思議へ」と向かう大航海、死の航海への期待に突き動かされていることを、よく承知していた。かぎりない流離とつかの間の隠棲。むろん、徳島の無愛想で善良な人々がそんなことを理解できたはずはなかった。

3　大きな自然を抱いた庭と犬

モラエスはやがて、人と自然との関係、日本人の自然観といったテーマに引き寄せられてゆく。貧しく孤独な男はこのような生活環境に置かれると、自然の力と、まわりの風景・植物・花・動物などの真価を大きな宇宙のなかで認識し、それらに感謝する能力が錬磨されてゆくのだ、という。

たとえば、モラエスによれば、徳島は「石くれの大集積の上に木と紙でできた小さな家が密集しているところ」であった。日本人は石にたいして、すばらしく審美的な嗜好を見せる。その石は庭に欠かすことができない。小さな庭園は、「美しく、人間に汚されていない自然の被造物のすばらしい模倣」である、という。日本の庭師たちは、箱庭のようなミニチュア造園術に長じている。この箱庭は、「優美さ、装飾性、イメージの喚起力」などにおいてすぐれている、とされる。

モラエスは自分の庭を造り、演出を凝らした。

私は私の庭に、日本人が日本の庭に与える特有のよそおいを与えて、できるだけ自然の風景の感じを出した。土地は波うち、いくつかの小山をつくっている。地面から何個かの岩があちこちに出ている。植物は、松、樫、竹など森林に生育する植物である。だが、桜、梅、つつじ、百合といったその花ゆえに愛されるいくつかの木や植物も植えた。これらはいずれも日本の山野にふんだんに咲いているからだ。（「庭のしつらえ」）

最後には、羊歯《しだ》・木蔦《きづた》・日陰葛《ひかげのかずら》・苔・地衣類《ちいるい》などを使った。それらは価値がないように見えて、「自然のままの土地に陰影をつけ」ることによって庭を引きたて、庭園らしく演出してくれるものだ。そうして、この小人国の風景はいつしか壮大な自然を丸ごと映しだすのである。

犬に触れた、こんな一節があった。

習慣としては、徳島の犬は一般に完全な自由のうちに暮らし、首輪やましてや鎖など知らない。名目上は飼主がいる。だが、飼主は、貧しいのか、けちんぼなのか、不精なのか、犬の世話をほとんどしない。徳島の犬はこの事実に別に困りはしない。ぼんやりと飼主を知っているにすぎない。街頭のどこにでも手当りしだいに寝る。毎日、二、三回、得意先の家を何軒か訪問し、庭の垣根を通り抜け、塀をとび越え、中庭に入りこみ、台所のちかくまで行き、においを嗅ぎ、ごみを漁り、ここで魚の骨を、あちらで芋の残りをむさぼる。(「洪水　犬」)

わたしはこの一節が好きだ。いまだ、犬は人間の仲間ではなかった、ペットでもなかった。ほとんど未開人か、遊牧民のような寄食者であった。だから、かわいがられても、それに応える術は知らなかった。いくらか大げさに言ってみれば、これはペット以前の犬にかかわる貴重な証言記録ではなかったか、と思う。

4　愛する女の名前が沈められていた

モラエスはあきらかに、『徳島の盆踊り』の底になにか大切なものを沈めていた。たとえば、三十平方メートルの庭で過ごす時間は、モラエスにとって快楽に満ちたものであった。植物を愛し、その生きものとしてのささやかな秘密を知るために、モラエスは庭の掃除をおこない、雑草を抜き、剪定し、肥料をまいた。庭の植物たちと仲良くなった。

そして冬の眠りののちに、まだおずおずとではあるが、最初の芽の吹くのを、葉やつぼみの形づくられるのを、花の開くのを目にするときの何という楽しい充ち足りたおもい！　……そして私たちは心の中で言うのだ「お前もこの花が見られたら……。」この「お前」というのは、留守であったり死んでしまったりでこの世にいないとか遠くに行ってしまった愛する人、このすばらしい陶酔の瞬間にそばにいて、印象を互いに語りあったり、その高揚した気分を知って喜んだりしたいと思う人のことである！（「造園のたのしみ」）

お前とは、いったいだれであったか。唐突に、「私たち」と主語を複数化して、ほとんど狼狽したように言葉を継いでいるが、モラエスはこのとき、一人の女性の面影をありありと思い浮かべていたにちがいない。ともに庭の花々を眺めて、陶酔を分かちあうことを願わずにはいられない、いまは亡き女性である。

あらためて、隠棲地として徳島を選んだ理由について語られた場面に、その女性が姿を見せる。

ほんのちょっと前――二年もまだ経っていない――の八月のある午後、ある人が私の手を握りしめて、あることを熱心に求めた。かわいそうな人で、母親や兄弟姉妹、身内が多数いるのだが、誰ひとりそばにおらず、率直に言うと、彼女のことなどほとんどかまってくれない。彼女は、どんなにむずかしそうなことであっても、自分の願いを心からかなえようとしてくれる唯一の人は私であるということをよく知っていて、私に求めたのだ、自分の生命を永らえさせてほしいと。……

そして、私は彼女の願いをかなえてやらなかった。そうする力が私にはなかった。彼女はあきらめの言葉をつぶやき、最後の力をふりしぼって私の手を握りしめ（今でもその感覚が残っているかだって?……」)、死んでいった……。(「徳島を隠棲地とした理由」)

その遺骨はあわれな死者の誕生の地である徳島に運ばれ、ある墓地のささやかな墓石の下に納められた。それから数か月が過ぎて、神戸で、まったくの自由の身、まったくの独りぼっちになったモラエスは、「生者から逃れよ、徳島へ、お前になつかしい名前を思いおこさせる、お前に追慕の念を抱かせるあの墓のそばへ行け」という内なる声を聞いた。そして、徳島へとやって来たのだった。

そこではしかし、モラエスは歓迎されざる闖入者にすぎず、つねに孤立感に苛まれていた。だから、とりわけ墓地に心惹かれ、頻繁に死者を訪ねることになったのだ。町の後背をなす山々の中腹には、神社仏閣や、死者たちが棲まうおびただしい数の墓地が密集していた。徳島は、なによりも「神々の町、仏たちの町、死者の町」であった。

戒名に触れた一節では、いくつかの具体例を挙げていた。たとえば、「法喜蓮照信女」という戒名。そこに、「(ほーき・れんしょ・しんにょ)経文の貴重な器、篤信の女性」と注が附されてあった。これがおヨネという女の戒名であったことは、のちに『おヨネとコハル』という著書のなかに明かされている。このおヨネこそがモラエスの愛した女であった。

モラエスはそれと知られることのないように、愛した女の戒名、つまり死後の名前を文中に滑り込ませて記憶を留めようとしたのである。

おヨネは本名を福本ヨネといい、徳島出身の、大阪松島遊郭の芸者だった。詳しい出会いの経緯などはわからない。一九〇〇年に、モラエスはおヨネを落籍し、同棲を始めた。このとき、モラエスは四十六歳、おヨネは二十五歳だった。残された写真のなかのおヨネは、「おとがい細く目の涼しい楚々とした美人」(『おヨネとコハル』訳者の岡村多希子の解説)である。モラエスはおヨネを女神のように崇めたが、おヨネは一九一二年に心臓病のために亡くなった。モラエスが徳島へと移り住んだのは、その翌年のことだ。

すでに触れたように、老いた日本人が、死を前にして穏やかな諦念に浸っていられるのは、死者崇拝のおかげだ、そう、モラエスは考えた。死者が神格化されて、未来のすべての家族たちに愛されつづける、それは死ぬことではない、永遠に生きることだ、と信じたのである。そうした死者崇拝とは無縁なヨーロッパ人であるモラエスは、それに抗い、日本人の信仰に身を寄せることで、愛する女・おヨネを永遠に生かすことを願ったのではなかったか。

5　夢と追慕と哀愁に満たされて

『徳島の盆踊り』から七年を経て、『おヨネとコハル』と題した著書が刊行された（岡村多希子訳、彩流社）。その短い前書きには、「夢と追慕に生きている哀愁の病気にかかっている人たちに、そういう人たちにのみ、このちょっとした本はささげられます」と見える。まさに、これは夢と追慕と哀愁に満たされた、小さな書物であった。十八編の短編エッセイから成る。そこにはいたるところに、追慕という言葉が散りばめられている。その思い出が頭からかたときも離れることのない二人の女たちへの追慕、その霊魂への追慕の書であった。

なぜ私は、死んだあともコハルのことをこんなに考えるのだろうか……。なぜ私は、死んだあともおヨネのことをこんなに考えるのだろうか……。それは、彼女たちふたりの気化した霊からいくらかの「共感」がやってきて私の存在の上にとどまり、私のもとに暮らし、私の霊と絶えず愛情にみちた関係をもつからだ。その結果、私にある魂の状態が現れる。私はそれを、ありふれたあいまいな言い方で呼ぶ――追慕、と。（「風景を最後にひと目」）

コハルはおヨネの姪である。徳島の長屋では、モラエスはこのコハルと同棲していたが、一九一六年に亡くなっている。享年二十三歳であった。『徳島の盆踊り』には、洗濯物を干す「下女」として登場していた。コハルは「背の高い、小麦色の、陽気な、生きいきとした」健康的な娘だった。美人ではなかったが、聡明であったと、モラエスは書いている。そのコハルは若くして肺結核に倒れた。貧しい家族は次々と、この病いに死んでいった。モラエスは病院に通って、苦しむコハルを最後まで看取った。

ああ、あの指環……あの指環には悲劇的な歴史がある！……二十年前に大阪の貴金属店で私が買ったあの指環はもうひとりの女の指にはまっていた。死体の、こわばった、冷たい指となってしまったその指から四年前にその指環を抜いたのは私であった。火葬場に向かおうとしていた愛する死者の身体をやさしく世話してくれたコハルに、私はそれを贈った。

そして、今、瀕死のコハルは、所有している唯一の宝石、その金の指環をはずして、母親に贈ろうとしている。（「コハル」）

おヨネからコハルへ。二人の愛する女は指環をはずし、逝ってしまった。モラエスは短い間隔をおいて、ふたつの臨終の苦悶に立ち会うという痛ましい特権をあたえられたのである。

審美家としての私の宗教はすでに久しい以前から、すべてを支配する最高の掟として、事物というものには永続性がなくいずれは無に帰するのだという憂うつな考えを、さまざまな事実や様相から私に抱かしめる傾向を示してきていたが、その私の宗教は、彼女たちの死に際し、別の信仰——追慕の宗教に変わった。……それゆえ、日本がこの私の新たな信仰——追慕の宗教——、きっと私が愛と敬意を捧げる最後のものとなるであろう信仰の祭壇となることを願っている。（『日本の異国情調』）

審美的な宗教から追慕の宗教への転換である。モラエスは長い孤独のなかで、ただ、たえず二人の女たちのことを追慕しつづけた。彼女たちのことを考えるのをやめれば、死ぬかもしれない。追慕の念だけが、モラエスの精神の正常さを支えてくれる。モラエスはまさに、「生者とのつきあいよりもむしろ死者とのつきあいの方を」選択したのである。（「正午の号砲〈またもやコハル〉」）

モラエスはみずからの分身に語らせていた。――とても親しくしていた二人の女の墓を見せてやりたい。これらの墓はどちらも、二人を偲んで、わしが建てさせた。わしがここに来るのは、この女たちを訪ねるためだ。人は生きている友だちがいなければ、死んだ友のなかにやさしい慰撫を見いだすものだ。懐かしく想う気持ちがかれらの欠点を忘れさせ、美点だけを思いださせる。凛としたとりとめのない想念のなかをよぎる、清らかな幻ほど、悲しみの心を心地よく揺さぶるものはない。わしの遺骨もまた、この同じ寺の墓地に納めてもらいたい。ほかの遺骨といっしょに。（「潮音寺の墓地のごみため」）

たとえば、蛍が暗い手元を照らしてくれて、南京錠を開けることができた。死者は鳥や虫に姿を変えてこの世に戻ってくる、それが日本人の信仰ではなかったか。この蛍はおヨネか、コハルか。悲痛な言葉だ。そのとき、黒い空間のなか、くねくねした線を描きながら蒼穹へと上ってゆく小さな星のような蛍のかすかな輝きを、遠くに認めた。（「おヨネだろうか…コハルだろうか…」）

あるいは、モラエスは一人で正月を過ごさねばならなかった。そんなときには、いつもよりもっと身近に、死んだ女たちの思い出があった。遠くからモラエスに微笑が向けられている。モラエスが野菜スープを飲むときの、おヨネとコハルの軽く揶揄するような微笑を思い、それに応えて、モラエスはふっと笑いさえしたのであった。（「祭日のごちそう」）

モラエスはまさに、追慕の信仰を生真面目に生きたのである。

6　墓守りとして一途な愛に生きる

それにしても、モラエスにとっては、おヨネこそが「永遠の女性」（訳者解説）であった。具体的な描写はない。ただ、おヨネの家具の引出しのなかについて、こんな風に語られていた、「辛棒づよくていねいに片づけた手の繊細さと、そのような手の持主の素朴な、整理好きな、善良な、無邪気な、愛くるしい性質をほめたたえるのに十分なほど整然としている」（「夢をみて」）と。おヨネとはまさに、そのように繊細にして、善良かつ無邪気な女性だったにちがいない。すくなくとも、モラエスにとってはそのような女性であったのだ。

あるとき、モラエスはおヨネの夢を見た。つじつまの合わない、子どもじみた、ばかばかしい、しかし忘れがたき夢であった。おヨネが徳島の家にいた。二人はおしゃべりをしていた。

「……ねえ、おヨネ、おまえはここに、わしのそばにいる。わしにはおまえの姿が見えているし、おまえの言うことも聞こえている！……したがって、おまえは死んだのではない。もし死んだとしても、またこの世に生き返ったのだ……。だから、二度と死なないでおくれ。ここで生きていて、おまえの故郷、徳島でわしの孤独な生活を慰めておくれ……。」彼女は、私にはなしを中断させられて腹を立てはしなかったが、何も答えなかった。ただ微笑んだだけだった……私は繰り返し頼み、心の底から懇願した。が、彼女はあいかわらず黙ったまま、ただ微笑うだけであった……。（「夢をみて」）

やがて、部屋の風景が消えた。おヨネの姿も崩れ、すっかり消えてゆく。しかし、モラエスには彼女の微笑がしばらくは見えた。モラエスは思う、つかの間姿を現わし、また去ってゆく死んだ女性にとっては、「微笑という形ほど美しく、しかも、この世を支配している鉄則にかなう形を想像することはできない」と。おまえにこんなに優しくしてもらう資格はない、ほんとうにありがとう、わたしのあわれなおヨネよ。そう、モラエスは書いた。

おヨネに指環を買い与えたのは、いつであったか。一八九三、四年あたりに、すでに二人は出会っていた可能性がある、ともいう（『おヨネとコハル』解説増補）。だとすれば、「日本の追慕」（『極東遊記』所収、一八九四）に描かれた日本女性のイメージのなかには、おヨネの面影が射していたのかもしれない。このとき、モラエスは四十歳である。

モラエスは書いている、日本の女は、この国のどんな賤しい出身の娘であっても、乙女であれば、たいそう美しい、と。

人形のような小さい頭をぐっと分別くさくもたげて、大空をかけるカラスを連想するまっ黒でふさふさした髪をたかだかと結った小さくて華奢な女。あでやかなからだつきの美しいその姿を賞するには、色染めの絹の広い長袖の縫物、「きもの」を着て、やはり絹でできた長い「おび」を腹にしめて背後で大きくたばねて結んでいる姿を見れば充分である。足はふつう素足だが、たいてい白い「たび」をはき、外出するとき「ぞうり」や「げた」をはく。（『定本モラエス全集』第一巻）

日本の女へのオマージュはさらに続く。「人間の顔のうちで最も美しい顔つき、小さい卵型の顔の、得もいわれない優美さ」、微笑んでいる「サクランボのようなバラ色のくちびるの新鮮さ」、「かわいい目に燃えている黒い炎」、そして「物腰の優美さ」。とにかく、モラエスはこのときすでに、恋に落ちていた。『おヨネとコハル』のなかで、日本の女のまばゆい魅力の由来として、「肉体的優美さ」「もてなしの技術」「着物」(「日本の異国情調」)が挙げられていたことを見逃すわけにはいかない。それはまさに、芸者と呼ばれた女たちが身体の技術として、一定期間の修練を経て獲得していたものであった。そして、むろん、おヨネは若き日に遊郭の芸者だったのである。

モラエスはそれが異国情調であることを、十分に承知していた。それはたしかに、オリエンタリズムと呼ぶほかないものであったかもしれない。しかし、モラエスという男がその晩年を墓守りとして、おヨネやコハルら、女たちへの一途な愛に生きたこと、日本文化への恋に殉じて、異邦の地に命果てたことまでを否定するわけにはいかない。

第3章　無垢な裸体への夢

——フォスコ・マライーニ

1　斧で小指を切り落とした人類学者

　ここで取り上げるフォスコ・マライーニ（一九一二〜二〇〇四）はイタリア人の人類学者であり、その著書としては『海女の島　舳倉島』が知られている。この書の邦訳は一九六四年に、牧野文子の訳によって未来社から刊行されている。いまは版が新たになり、軽装版のかたちで読むことができる。マライーニは一九五四年の夏、ほぼ一か月にわたって、能登半島の北方およそ五十キロの日本海に浮かぶ小さな島・舳倉島に滞在して、海女の記録映画を制作している。そのときの体験が『海女の島　舳倉島』には綴られている。グラビアには、海女たちのモノクロ写真が三十数枚、島のスケッチが五枚ほど掲載されている。西欧からやって来た異邦人は、海女の姿をどのように描いたか。とても興味深い比較文化の眼差しを見て取ることができる。

　マライーニがはじめて日本を訪れたのは、一九三九年のことだ。この年の九月には第二次世界大戦が始まっている。北海道大学や京都大学でイタリア語の教師をしていたが、ムッソリーニが北イタリアに建設したサロ共和国への忠誠を拒絶したために、妻と三人の子どもとともに名古屋の強制収容所に送られ、二年近くを過ごしたらしい。このとき、マライーニはある衝撃的なエピソードを残している。「極悪の食糧事情と卑劣な警官たちの行動に抗議して、彼らの面前で、自分の小指を斧で切り落とした」のだ、という。終戦後はイタリアに帰国したが、一九五三年にふたたび来日して、そのときに舳倉島への旅もおこなっている。（岡田温司「解説　イタリア人の見た日本のヴィーナスたち」）

たんなる行きずりの旅人ではない。人類学者として日本人とその文化をよく観察し、深く知ってもいた。そして、強制収容所の体験にもかかわらず、日本文化にたいするやわらかな敬意を失うことがなかった。どうやら、この人類学者は指を詰めるという行為のもつ、象徴的かつ社会的な意味合いをあきらかに了解しながら、戦時下の権力――強制収容所と日本の警察――にたいする抵抗の意志表示として、みずからの指を切り落としてみせたのである。まるで、任侠の士のように、ということだ。

ところで、能登半島へ向かう夜行列車は、上野駅を起点としていた。駅は驚くほどの人でごった返していた。そこは、東京のなかで「人間の悪臭のひどくにおう唯一の場所」だった。マライーニはこう書いている。

上野という駅は、日本の東北地方へ向かう汽車がみんなここから出る駅であって、日本列島での東北地方は、われわれの国イタリアでいうなら、飢えに疲弊した農夫たち、貧しい人たちの住む広大な土地、南部地方に当たるのである。イタリアで、伝説にいうキリストの旅がエボリまでだとすると、日本では、仏陀は仙台までの旅で止まっているといえるのであって、恵まれないままの状態にある。この地方は冬は長いし米はよく育たないし、深林は深くて広い。われわれの国のルカニアやカラブリアの乾いた裸の山々のあるところに、急流のつくった谷だにに、住みついている人びとのあの惨めさや無知が、やっぱり日本のそこにもあるのである。

東北のもつ、いわば地政学的な負の意味合いを、マライーニは熟知していたようだ。それを、イタリアの南部地方、飢えに疲弊した貧しい農夫たちが暮らす地方と比べている。「白河以北、一山百文」という言葉を知っていたか否かは措くとしても、マライーニは東北の「惨めさや無知」に気づいていた。いまだ敗戦から九年ほどの、『おしん』の匂いを漂わせた東北であった。そうした東北への玄関口であった上野駅にたいして、それゆえに、特異な関心を寄せていたのである。

それにしても、夜行列車のなかには、「腕、頭、脚、包み、子ども、袋、お尻、靴の大洪水」があった。七月二十四日の夜のことだ。冷房などあったはずもない。マライーニは書いている、「屠殺場みたいだ。こんなどうしようもない難儀によく耐えて、しかもそこに立派に平和といえるような穏やかさを見出す日本人のこうした能力は、確かに世界唯一のものである」と。その観察眼はここでも、なかなか繊細にして的確なものではなかったか。

2　裸体をめぐる比較文化論

マライーニは一九五三年の滞在の折りには、北海道アイヌのイヨマンテの祭りや、福島県の相馬野馬追い祭りの記録映像も撮影したらしい。これらの列島の北の文化にたいして、海女は南に連なる文化として選ばれたのかもしれない。むろん、それだけではない。海女というテーマには、避けがたくエロティックな色合いがつきまとう。

このイタリア人はきわめて正直だ。マライーニはいう、「舳倉島へわたしが出かけて行くまでは、海女という言葉は、わたしにとって、まだやはり、肉感的な魅力をおもわせるものであった」と。海女の人間性よりも、なにか象徴的なものを見ようとしていたのである。しかし、島に渡ってからは、海女にたいする興味から、いつしか島の人々の「きびしい、しかしながら詩的な生活に対する愛着」へと関心が移っていった、という。

日本語版のための「序文」のなかで、マライーニは裸体をめぐる比較文化論を展開している。とても関心をそそられる。

西欧人にとって、裸体とはなにか。マライーニはいう、「われわれ西欧人は、裸体と性欲とを混合した永年の伝統に慣らされていて、恋愛をするということと衣服を脱ぐという観念とを一緒にしている事実がある」と。思わず唸り声をあげたくなるような、秀逸な指摘ではないか。恋愛することと衣服を脱ぐこととが、ただちに同義と見なされるいわれは、たしかにない。この人類学者は、しかも、それは「多くの苦悩やゆがんだ心がもとになっての誤り」だというのである。裸体観を起点として、ささやかなものではあれ、西欧文明についての批評的な検証がなされている。

マライーニによれば、人間の裸体にたいする興味はギリシャにおいて、その芸術のなかで発展した。それはエロスと呼ばれる宗教的な概念と結びついた現象であった。ギリシャ芸術のなかの裸体は、精神生活のすべてを完全に総合したものと考えられていた。そして、それはまた、実生活のなかの裸体とまったく一致しており、心身ともにたいへん健康的なものであった。キリスト教の出現などがあって、やがて裸体は、実生活においては非難の対象となり、性欲へと誘惑するもの、また、精神の健康にとっては危険なものと見なされるようになった。芸術のなかの裸体は、そうして「屈辱や苦しみの人間の姿」(まさに、十字架上のキリストは裸ではなかったか) としてだけ認められ、過去の「宗教感情や悪魔的な迷信などのしるし」として拒否されるようになったのだ、という。

ほんとうは平和な美しさであるはずの裸体というものが、罪悪、悩み、苦しみなどを表わすのに役立つものになってしまって、人生の喜びを共にして感動を深くするというあのいちばん自然な本来の使命を、少なくとも公式的には果たすことを否定されてしまったのである。そのうえ裸体は、日々の生活の中で、男女が体験するものではなくなった。もういまでは、壁のくぼみの祭壇の神秘に、または売春宿の鑑札に、抱擁に、生殖に、取り返しのつかない結びつきができてしまったのである。

マライーニはだから、西欧の近代文明について、そのすべてが「偽善的でアカデミックな裸体の概念」にまといつかれている、というのである。日本人の読者に向けて、思いがけず力んでいる姿が、どこかほほえましい。当然とはいえ、日本の、舳倉島の海女の裸体は、そうした西欧の偽善の対極において発見されることになる。

裸体というものをめぐって、東洋では、とりわけ日本では「まことに驚くべき平衡」が保たれてきた、という。芸術作品のなかでは、裸体が奨励されることはなかったが、実生活のなかでは情熱やスキャンダルとは無縁に、「正しいあり方」で、いわば当たり前に裸体とともに暮らしていた。ところが、日本でも近代化にともなう不幸な変化が現われており、裸体にたいする「古くからの邪念のない健康な気持ち」は消え去ろうとしている。ここでは数十年も前にはなかったヌードという言葉が、エロティックな裸体を彩るものとなり、それこそが新しい趣味や悪い習慣が生まれてきたことを示唆している、そう、マライーニは書いている。

「序文」の終わりには、以下のようにみえる。

わたし自身のうちにある偽善とタブーと、そうした何もかもすっかり西欧的な心の荷ごしらえで、最初舳倉島へと出かけていったものだ。だが、それから解放され、気持ちをいやされるのに、わずかな日数しかかからなかった。海女たちの裸体は大変に美しく、だが普通日常のことで、ごく自然で、周りの風景の一部として、岩や木の裸形と同じものとして見られるようになった。そして、そのとき、海に散らばる島に生きている女たち、男たち、子どもら、ここの人たちのきびしい、けれども詩的な生活の労苦をその光のなかで知るようになり、理解もし、高い評価もして、わたしは学びとることができたのであった。

このイタリアの人類学者は、殊勝なほどに生真面目であった。海女たちの美しい裸体は、ついに岩や木の裸形と変わらぬものにまで鎮まったということか。まるで修行僧のようでもあり、おかしい。ここにはむしろ、裸体にまつわる「偽善とタブー」の呪縛に抗い、ドン・キホーテのような戦いを演じているひとりの西欧人の姿を認めるべきなのかもしれない。

さて、とりあえずの総括は、すでに本論のなにかに書き留められてあった。すなわち、裸体は極東アジアにおいては、実生活では許されているが芸術では許されていないのにたいして、西欧においては芸術では許されているが実生活では許されていない、と。そそられる言葉ではなかったか。

3　ほんとうの海女はどこにいるか

『海女の島』の第四節は「ほんものの海女を探し求めて」と題されている。実際にも、マライーニは海女の記録映画を撮るために、いくつかの土地を訪ねていた。志摩地方の鳥羽の海女は、白シャツとパンツに身を包んで真珠採りをしていた。熱海の初島の海女たちは海草やアワビを採っていたが、そこには海女文化の名残りといえるようなものは、なにもなかった。房総半島の御宿の海女もまた、結局は観光客のための見世物になっていると感じられた。ほんものの海女はいなかった。ほんの偶然のように、医者にして歴史家であった安田徳太郎に教えられたのが、舳倉島の海女であった。

予想していた通りに、舳倉島では、マライーニの一行はやわらかく拒絶された。マライーニ自身が海に潜り、水中銃でタイを仕留めたあたりから、展開が一変する。ついに、島の長老が撮影を許したのである。

じつは、『海女の島』の本文のなかには、舳倉島の海女についての記述はすくない。マライーニは海女以上に、島の人々の信仰や神の観念に興味をもったようだ。まさに人類学者としての仕事であった。これに関しては、後半で触れることにしよう。

さて、あらためて、海女の裸体である。御宿の海女たちが、身にまとった粗末な着物を脱ぎ捨てた瞬間のことだ。マライーニは思った、「もしだれかが、いまこの瞬間に彼女たちは海から生まれてきたのだと言ったとしたら、神話のなかの人たちなのだとどうでも信じなければならないほどであった」と。この人類学者は海女のなかに、なにを見いだそうとしていたのか。

たとえば、裸体の復権といってみる。ギリシャ芸術のなかの裸体は、実生活から切り離されることなく、しかも精神生活のすべてを総合した、心身ともに健康なものであった。それはやがて、キリスト教の支配のもとで、性欲にまみれた精神の健康を犯す危険なものと見なされるようになる。屈辱や苦しみ、悪魔的な迷信の表徴として忌避されたのである。裸体というものはしかし、本来は平和で美しい、健康的で邪念のない、野生の輝きに満ちたものであったはずだ。そう、マライーニは考える。それゆえに、「偽善的でアカデミックな裸体の概念」につきまとわれている西欧文明に向けての、根源的な批判が必要だ。そうして、舳倉島の海女は、マライーニ自身をも深く縛っている「偽善とタブー」を突き崩すための拠りどころとして選ばれたのである。

とはいえ、当然ながら、留保は必要である。まず、日本人の裸体観はそれほど無邪気なものではなかったからだ。すくなくとも近世には、浮世絵というジャンルのなかに見え隠れしている春画の群れがあった。ふつうの生活のなかに無垢なる裸体が氾濫していただけではなく、それをエロティックな欲望の対象とする文化もまた、固有に成熟を遂げていたのである。西欧近代がそれら浮世絵に遭遇して、なかなか深刻な影響を受けたこともまた、忘れるわけにはいかない。

ここで、葛飾北斎の「蛸と海女」と題された浮世絵を想い起こしてみるのもいい。海女は浮世絵にしばしば登場するが、春画もすくなくない。「蛸と海女」にはまさに、横たわる裸の海女と大小二匹の蛸がからみあうエロティックな場面が描かれているのである。（前景・岡田温司論文）

旅とは、異邦からの旅人にとって、まさしく自画像を描き換える現場であった。と同時に、その紀行を読むわれわれ自身もまた、アイデンティティに揺さぶりをかけられる。紀行を読む快楽はかぎりなく深い。

4　人間と海との関係をめぐって

　たとえば、マライーニは「その人間が生まれ育った文化が、その人間を見、判断し、分類する」（「灰色の石ころ道」）と書いている。まさしく文化人類学者の言葉であった。その序文には、芸術や生活、ことに建築・家庭・民芸などのなかに示されている、自然発生的で、しかも「日本らしく、非常に古くて、それでいて同時にモダンな日本の趣味」にたいする関心が表明されていた。そして、浄めの儀式や神道の体験、禅の修行などの根源を、「日本文明」の歴史のなかに探りもとめることを願った。『海女の島　舳倉島』にはまさに、そうした方位に沿ってのフィールド調査の見聞が詰まっている。

　人間と海との関係をめぐって、イタリア／日本の比較文化論が試みられている。第二節のタイトルは「《ヒツジ雲》の空は、《ウロコ雲》の空」であるが、それは空に浮かぶ同じ雲がイタリアではヒツジ雲、日本ではウロコ雲と呼ばれている対比の妙に由来する。むろん、前者はヒツジを飼う牧畜に、後者は魚のウロコつまり漁業にかかわる雲の名称であった。鮮やかな比較文化論への導入となっている。

マライーニは以下のように述べていた。

イタリアという、まるで防波堤のように地中海に突き出している半島の人々は、冷静な人類学的な眼でみると、海を重要なものとしている人たちだとはいえない。そこでの生活習慣の大部分は、つまり食べ物・衣服・家屋のいずれにおいても、「地中海にではなく、大陸に結びついている」からだ。人々は一般的に、水にたいして恐怖と不信をもち臆病であり、わずかな人たちしか泳げないし、生活のなかでの裸体にたいしてもまったく否定的である。

精神的には、中世以後、どんな心の絆も大陸に結びつき、その支配を受けている。シチリアの海峡でもどこでも、舟に乗ればすぐに渡れる近さなのに、逆に道もなく一年の大半は雪に埋もれているアルプスよりも大きな障害のように感じている。イタリアはつねに、背後の大陸からの侵入を受けてきた。「信じられない水の平原、見慣れないふしぎなもの、決定的な阻害」としての別世界である海だけが、それを食い止めたのである。

大戦後に長く過ごしたシチリアについて、マライーニはこう書いている。

シチリアで男たちは、彼らの生涯の何年もを舟の中で過ごすが、水とのほんとうの親しみはなにもなく、泳ぎはまるで知らないこともよくある。そして女たちは、黒い服を着て家に閉じこもっている。というのは、海は苦しみそのもので、危険で、いとわしい化物のようなものと考えられているのであって、漁夫の苦労は、生活状況のうち最も惨めな苦しいものと思いこまれているのである。(「灰色の石ころ道」)

それでは、日本においてはどうか。日本人の生活にいくらかでも触れれば、かれらがまさしく「海の民族」であり、「海辺で、海そのもので生まれ育った人たち」であることがただちに了解される。たとえば、日本の食べ物は、その大部分が海に起源を持っている。魚の料理法など、とても想像が及ばないほどだ。伝統的な衣服であった男のフンドシ、女のコシマキといった下着は、東南アジアや太平洋の多くの民族と繫がっているが、それは海の生活にこそ適したものである。日本の家は木造で、その家屋構造は海辺や島に暮らす民族のものであり、「まるで動かない〈陸上の舟〉という感じで船体のように嵌め込み式に作られたもの」である、という。そして、日本人はだれもが水に親しみ、水泳が普及し、「神道の潔斎の儀式から歴史的な源をひいている」入浴の習慣に毎日のようにしたがう。

以下の一節など、ふたつの民族文化の比較の深いところに届いている気がする。

イタリアで、長い旅の最後の碇泊地として海岸に到達した人間は、不慣れな生活にどうにか適合しようとした。だが日本では、波によって大地に辿り着いたのであって、思いのままにならないことに慣らされていて、大地で生きるのにしては、なにかしらはかないものを二千年後の今日もなお示している面がいろいろとある。われわれイタリア人にとって、海というものは、大地を取り巻き、大地をそこで終らせている不信に満ちた自然の要素であるが、日本人にしてみれば、陸地は海の続きのようなものなのであって、動きを止めた大きい波頭が列島になったのである。（「《ヒツジ雲》の空は、《ウロコ雲》の空」）

この列島の民族史を思い浮かべてみれば、「波によって大地に辿り着いた」人々が「動きを止めた大きい波頭が列島になった」といった比喩的な表現が、とても適切なものに感じられる。

マライーニはこのあとに、ふたつの国の人々の「深い根のなかに」ある何千年ものさまざまな事情が、現在を決定しているし、遠い未来をも決定するだろう、と書いた。たしかに、日本人であるわれわれ自身にとっては無意識に属することがらが、こうして異邦の人類学者によって指摘されてみると、なかなか説得力がある。それは、われわれ自身の「深い根」に結ばれることによって、了解されやすくなるはずだ。

5　岩でできた筏の島の神さまたち

舳倉島は能登半島の先端から、わずかに五十キロしか離れていない。晴れた朝には、舳倉島から半島の山々がはるかに眺められた。しかし、ひとたび、この島に上がると、「浮世離れがして、伝説の中や夢の国にでもいるような気がするのであった」（『灰色の石ころ道』）、そう、マライーニは書いている。

そこは海女の島であった。ほんとうに小さな島、「岩でできた筏のような島」であった。そして、「変化に富んだ幻想的で強烈な海洋風景」に取り巻かれている。植物はいかにも乏しい。サツマイモの哀れな小さい畑があちこちにある。しかし、この畑を見ればわかる。「土地を耕すですって？　なんて恥ずかしいことだろう！」という海女の声が聴こえてくる。それは、老女や幼い者たちのつまらない仕事だった。海女たちにとっては、「祖国も人生も、心からの愛も」、みな海こそが対象なのである。

舳倉島のおよそ三百軒の家々は、島の東南側の低い砂浜の海岸に長い列をなして並んでいた。港があり、十カ所の集落があった。それとは対照的に、西北側は高い断崖の海岸になっており、集落はない。その代わりに、海を背にして神の祠《ほこら》や仏の堂が点在していた。

マライーニは次のように書いていた。

人間的見地からみて感動的ともいえるほど興味深いことは、この島には神さまがたくさん住んでいて、島は見守られ護られているということである。人間たちはみな本土の方を眺め、朝は日の出をたのしめるこの島の低い方の側に住んでいる。神さまたちの方は、厳しくものさびしいその逆の側一体に、それぞれ自分の岬の上に、神秘で不気味な死の地域として知られ、また確かにそうである前哨地に、荒海に抵抗するために頑丈に造られた各自の祠をかまえて住んでいる。（「岩の筏に乗ってる人間と神様」）

舳倉島は神々の守護を受ける島だ、という。人間たちはみな、生の領域としての東南側の集落に住んでいる。それにたいして、「神秘で不気味な死」の領域としての島の西北側には、それぞれに岬の断崖のうえに頑丈な祠を構えて、神々が鎮座している。

南の突端には、「海洋古代伝説の美しい詩的な人物、奥津姫（かくれた湾の妃）に捧げた宮」、すなわち奥津姫神社がある。荒涼とした海岸の崖のうえには、南から祇園、金比羅、観音、恵比須などの小さなヤシロや堂が並んでおり、そのなかほどには、「ほれ薬のように青いすばらしい」龍池がある。そして、この神々の棲まう島には、「青い池の竜神に捧げた祠」や、その他たくさんの「礼拝堂、無数の像、柱状のもの、自然石のもの、すべていろいろ尊崇の念を表わすもの」が点在している。港の近くには、法蔵寺という寺や弁天の鳥居が見られる。

マライーニは書いた、ここでは「人間と神とが近い」し、「目に見えるものと見えないものとが、絶えず心をかよわせて息づいているのであって、お互いにわかり合い、慰め合っている」と。そして、この島に固有の信仰として認められるのは、「私の考えるところでは、竜の池と奥深い入江の女神への信仰とであろう」という。

わたしはふと、十年ほど前であったか、ある晩秋にはじめて舳倉島を訪ねたときのことを思いだす。むろん、そんな季節はずれに海女の姿は見られない。わたしは冷たい雨に打たれながら、地図を片手に、島の聖地巡りをしたのである。マライーニの感動が痛いほどに実感された。わたしは舳倉島の神々の風景に触れて、ほんとうに魂を揺さぶられるような体験をしたのである。

時計とは反対まわりに歩いた。古い漁村の家並みのなかに、石垣で囲まれたヤシロがあった。自然石の御神体が祀られていた。港には弁天様の鳥居が見えた。家の蔭に鳥居があり、島の鎮守だろうか、神明社があった。樹齢四百年というタブの巨木が、地表近くを這うように幹をくねらせ、枝葉を広げていた。それが島で見かけた、唯一の巨木だった。森も林らしきものもなかった。

島の北のはずれに、荒涼とした石原があった。その突端は断崖で、エビスのヤシロが建っていた。まわりに、石積みの塔がある。風が肌を削ぐように荒い。その海を背負って立ち尽くすエビス社の、どこか孤高の姿を前にして、わたしはほとんど唐突に、伊豆七島のはずれの青ヶ島の聖所であるイシガミサマを思った。島巡りの旅のなかで遭遇した聖地の情景が、一気にあふれ出した。沖縄の八重山の新城《あらぐすく》島で見かけた、石で囲われたウタキ。済州島の海を背にした堂《タン》や、そのはるか南方に浮かぶ小さな島にあった石積みの塔。対馬にも、天道山や天道地と呼ばれる聖地があり、石積みの塔があった。日本海に浮かぶ飛島の神社の石垣や、そのかたわらのサイの河原の石積みが思いだされたのだった。

そうした石積みの聖地のある情景が、黒潮に洗われる沖縄の南の島々から、伊豆七島へ、青ヶ島へ、そして、日本海沿いの青潮の島々、済州島、対馬、舳倉島、飛島へと連なっている。舳倉島の聖地はみな、断崖絶壁に突き出したほそい岬の突端に、あたかも島に寄り来る神々を迎えるかのように建っていた。マライーニは、「日本では、われわれの国よりも、神を祀った場所の神聖さと厳しさというようなものに乏しい」（『灰色の石ころ道』）と書いていたが、舳倉島の神々の風景には、敬虔な思いに打たれたのである。それはかぎりなく原初的《プリミティヴ》な聖地の面影を漂わせている。

6　祭りとミコシと神主と

マライーニが特別な関心を抱いたもののひとつに、夏の終わりにおこなわれる奥津姫神社の祭りがあった。海女によるアワビ漁が終わった八月下旬に、島のお盆がある。その同じ時期に、奥津姫神社では、一年に一度の神道のもっとも重要な祭礼がおこなわれるのである。

紙に切りこみを入れた神聖な飾り物のゴヘイがあった。大きなミコシは、ことのほか美しかった。若衆十五人がそれをかついだ。女装をした者もいる。ミコシのそばには、神主が二人いた。一人は舳倉島の、なかば漁夫でもある神主であり、いま一人は輪島から来た神主であった。どうやらマライーニは、この輪島の神主に関心をそそられたらしい。そこには軽蔑した素振りが感じられたのである。

みなが、砂地の上に敷いた小さいムシロの上にしゃがむとすぐ、輪島からきた神主は、絹のふくさから一管の笛を取り出し、太鼓のリズムに合わせて吹きならしはじめた。こういう瞬間の快さは、誰でもが忘れることのできないものであろう。かそかで、少しものがなしいこの優雅な音楽は、森の空地空地に射しこむ光線のように、心にしみる悲しみと思いがけない喜びとのぬいとりとなって、巨大な静寂のひろがりのなかへ消えていった。大きい石塀の向こうでは、海岸に打ち寄せる古く遠い昔からの海の重々しい大波だけが、力ないリズミカルな波のうねりとして耳にはいるのであった。（「ミコシは、神さまのおぼしめしで踊る」）

それから、この神主はきれいな抑揚のある声で祝詞を読んだ。ヌサを振ってお祓いをした。ミコシの行列は奥津姫神社の大鳥居をくぐって、海辺をゆく。村に入ると、酒を振る舞われ、しだいに若衆は酔い、家々や家族、舟や漁具を祝福しながら進んだ。夕暮れに、島のもっとも端の恵比須社の建つ岬にたどり着いた。それから、ミコシの行列は帰途に着く。海べりの夜。風の歌。みながヤシロに到着したとき、ミコシを海水に浸す行事になった。この瞬間が、祭りのクライマックスであり、海士、海女たちにとって一年のクライマックスの瞬間でもあった。群衆は激しく動き回って、たいへんな興奮状態にある。どなり声や叫び声、歌やうめき、混乱のなかを、ミコシは海に運ばれ、投げられ、社殿の前の浜辺に担ぎあげられた。

八月二十八日はお盆の最終日であった。その夜、恵比須のヤシロで祭りは終わりを迎えたのである。もはや、このとき、輪島の神主の顔には、祭りのはじめの日に感じられた、あのドライで人を蔑むような表情はすこしも見られなかった。

輪島の神主は優雅なきちんとした動作で黒いケースから笛を取り出し、それから笛を吹きならしはじめた。すると、森から出てきた三日月のように、女性的な古い音楽の悲しく甘く、悩ましく優しい一筋の流れが生まれ出た。ふしくれだった手と原始のままの足で、毛のぼさぼさした木の皮に似た肌の勇敢な漁夫たちは、じっと動かずに虚空に眼をこらしているのであった。
(「死者たちは海へ帰る」)

マライーニはじっと、神主の表情や所作のひとつひとつに眼を凝らしている。はるかな日本海に浮かぶ岩だらけの島の祭りは、粗野で無骨ではあるが、原始に通じるような厳粛さに包まれていた。島人たちにとって、海とは「偉大な祖国」であって、「彼らを育てる牧場であり、彼らを迎える藍色の深淵」(「死者たちは海へ帰る」)であると、マライーニは書いた。

海女とはだれか、という問いの声が谺《こだま》している。それはたしかに、すでにエロティックな熱の大半を失っていた。たとえば、原始的で動物的なジプシーのようなもの、と呟いてみる。あらためて、なにかが始まる気配が生まれている。

第４章　エロティックな彫像のように——セース・ノーテボーム

1　日本は存在しているのか、という問い

その書名に「日本紀行」という言葉が含まれていた、ただそれだけの理由で手に取った本である。それ以上の縁らしきものはなかった。セース・ノーテボーム（一九三三〜）の『木犀！／日本紀行』（二〇一〇）である。オランダの著名な作家だという。旅する作家であり、紀行文の名手でもある、と訳者の「あとがき」には見える。ノーテボームは一九七七年にはじめて来日して以来、幾度となく日本を訪ねているらしい。この『木犀！／日本紀行』という本は、「木犀！――ある恋の話」という短編小説と、『春は露　東方への旅行』という単行本から四編の日本にかかわる紀行エッセイを選んで、訳者の松永美穂によって再編集されたものである。

思いがけず、心惹かれる作品との出会いとなった。日本紀行として、どれもなかなか秀逸なものだ。たとえば、訳者の「あとがき」に見える、「天皇誕生日、物のパトスとその他の日本体験」からの以下の引用個所などには、いたくそそられる。

わたしがしようとしているのは、旅行とはいえないようなことだ。何かを発見しようとするのではなく、試し、調査し、反論したり確認したりしようとしている。イメージや想像を『現実』の秤にかける。わたしが最終的にするつもりなのは、日本が存在し、て、い、る、の、か、ど、う、か確かめることなのだ。

不思議な物言いであるかもしれない。しかし、ノーテボームによる日本紀行はつねに、「日本が存在しているのかどうか」という癒しがたい問いを抱いて、いずこへとも知れず彷徨をくりかえしている、そんな感触がある。日本ないし日本的なるものは、想像的なイメージ／現実のはざまに宙吊りにされている。それを手探りに確かめようとする試行錯誤の所産といってもいい。だからそれは、紀行文でもあり、小説でもあり、批評でもあるような、奇妙な肌触りをまといつかせている。

冒頭に置かれた「木犀！」という短編小説には、もっとも鮮やかに、ノーテボームその人の日本ないし日本的なものとの距離感が、おそらくは批評的に示唆されている。それがいわば、ひとつの恋のようなもの、いや、むしろ性愛《セックス》そのものとして描かれているのは、偶然ではない。小説という器にいったい、なにが盛られていたのか。

郵便はがき

お手数ですが切手をお貼りください

101-0021

千代田区外神田二丁目十八―六

春秋社

愛読者カード係

＊お送りいただいた個人情報は、書籍の発送および小社のマーケティングに利用させていただきます。

(フリガナ) お名前	(男・女)	歳	ご職業
ご住所 〒			
E-mail		電話	

※**新規注文書** ↓(本を新たに注文する場合のみご記入下さい。)

ご注文方法 □**書店で受け取り** □**直送(代金先払い)** 担当よりご連絡いたしま

書店名		地区	書名	
取次	この欄は小社で記入します			

創業100周年
春秋社
Shunjusha Publishing Company since 1918

ご購読ありがとうございます。このカードは、小社の今後の出版企画および読者の皆様とのご連絡に役立てたいと思いますので、ご記入の上お送り下さい。

〈のタイトル〉※必ずご記入下さい

●お買い上げ書店名(　　　　地区　　　　書店　)

本書に関するご感想、小社刊行物についてのご意見

※上記感想をホームページなどでご紹介させていただく場合があります。(諾・否)

読新聞	●本書を何でお知りになりましたか	●お買い求めになった動機
朝日 読売 日経 毎日 その他)	1. 書店で見て 2. 新聞の広告で (1)朝日 (2)読売 (3)日経 (4)その他 3. 書評で(　　紙・誌) 4. 人にすすめられて 5. その他	1. 著者のファン 2. テーマにひかれて 3. 装丁が良い 4. 帯の文章を読んで 5. その他 (　　)

容	●定価	●装丁
満足 □普通 □不満足	□安い □普通 □高い	□良い □普通 □悪い

近読んで面白かった本　(著者)　(出版社)

る)

秋社　電話 03-3255-9611　FAX 03-3253-1384　振替 00180-6-24861
E-mail:aidokusha@shunjusha.co.jp

『木犀！』の主人公は、アーノルト・ペシャーズという名の若いオランダ人の写真家として設定されている。西洋人・男・写真家という三位一体の取り合わせは、なんとも絶妙ではなかったか。ほとんど戯画化された情景が描きだされているが、しかし、けっしてそれを揶揄しているわけではない。むしろ厳粛といっていい面持ちで、日本趣味の底に沈められているものが凝視されている。いったい、日本は存在するのか、存在していたのか、と。

アーノルトの来日は五度目であったが、今回がその最後になるだろうという、たしかな予感がある。愛と憎しみにひき裂かれながら、たとえば、こんな言葉がいきなり弾けている。

> 最初に日本に来たときには考えられなかったような憎悪。日本が、俺から日本を奪った、と彼は考えた。三島のような人物が現れて、激しくも大胆な自殺でその虚構を打ち破るまで、音も立てずに、日本人自身が気にもとめず二つの日本のなかを動き回っていた。二つの日本は彼を真っ二つに、しかも愛と憎しみという月並みな感情に分けてしまった。この国、この二つの国は、けっして自分のものにはならないだろう。それ自体は別に悪いことではない。しかし、かなえられなかった恋が、破壊的な力で彼に跳ね返ってきて、愛までも憎しみに変えてしまった

のだ。

日本が、俺から日本を奪った、とはいったいなにか。それはやがて明かされてゆくわけだが、とにかく、主人公の前には「二つの日本」があって、彼自身を愛と憎しみにひき裂いているらしい。いわば、ひとつの日本が、俺のなかに存在したもうひとつの日本を奪ったということか。

それにしても、「けっして自分のものにはならない」とか、「かなえられなかった恋」とか、その対象が日本という国や文化であってみれば、あまりに露わな隠喩ではなかったか。まさに日本は女なのである。語られているのはもっぱら、主人公が木犀と名づけた日本人の女性との恋と別れであるにもかかわらず、それはそのままに日本への恋と別れに重ねあわされている。このはじまりに近い一節はあらかじめ、これから登場する木犀という女が寓意的には日本そのものであることを予告しているのだ。作家はそれを隠さない。それはたしかに、西欧からの植民地主義的な眼差しそのものであるが、いま、そこに足を止めようとは思わない。いつだって、恋はコロニアルな欲望と無縁ではない、と言っておく。

主人公のアーノルトのかたわらには、ベルギー大使館の文化部で働いているデ・フーデという、すこしばかりシニカルな友人がいる。この友人はほとんどアーノルトの分身のような存在だが、恋に浮かれる主人公に水をかける役割である。デ・フーデはいう。たとえば、二つの日本なんてありゃしない、すくなくとも日本人にとってはね、君はほかの人たちと同じように、誤った考えを持って日本にやって来たのさ、みな、最初のうちはとても幸せだ、美学を求めているのだ、そうして、「精神的な日本」についての、すでにある自分のイメージを確認しようとする、しかし、「そんな国は過去の時間のなかにだけ存在するのであって、現在の空間にはもうないんだけどね」と。

2 世界ではすでに死に絶えてしまったもの

二人の西洋人の若者は、ある年の四月、天皇の誕生日を寿ぐために訪れた日本人たちの列に混じって皇居前にいた。「木犀！」は一九八二年の発表であるから、昭和天皇の時代であり、くりかえし語られている天皇のイメージはそれに見合う神さびたものだ。そういえば、日本紀行のひとつ、「『女護の嶋』の幻影」のなかに、こんな言葉があったことを思いだす。すなわち、「将軍と並んで天皇という神の構図が、珍しい鳥のように宮殿と宮廷都市である平安京（今日の京都）に閉じこめられた状態で存在し続けたことは、けっして完全に解明されないであろう日本の謎の一つである」と。日本という謎の深いところに、天皇という名の神さびた王の影が射している、そう信じられているのだろう。

このとき、アーノルトは一枚の写真について考えていた。その写真では、日本の兵隊が高く剣を振りかざして、切り株に座っている、目隠しされたオーストラリア人捕虜の首をはねようとしている。それはいまの時代には存在しないのか、と尋ねずにはいられない。もちろんあるさ、とデ・フーデは答える。霧にかすんだはるかな前史時代に姿を現わす天皇という存在と、恐ろしい兵士たちとは繋がっている。この民族は「病的に従順」であることを、記憶に留めておかねばならない、と。

さて、そのときの、何年も前のことになる「微妙な会話の雰囲気」が、いまアーノルトの脳裡に蘇ってくる。冷静なデ・フーデですら、「こう言ってよければ、日本は、他とは異なった違い方なんだ。でもどうやって説明すればいいんだ?」という呟きを洩らしたのだ。たんなる懲りない思い込みであれば話は簡単だが、それでは終わらない。「芸術愛好家のやつら」は日本をほとんど知らない、それを気にすることもない。あらかじめ、日本についての現実的とは言いがたいイメージを所持しており、それに縛られているからだ。それはいつだって、「何かの形の禁欲や清純」と関係がある。純粋こそがキーワードなのである。たとえば、「書道の純粋な美しさ。生け花や和食や日常生活の、純粋な美学」といったものだ。ところが、そのかたわらに転がっている「醜さや愚かさ、我々の最悪の習慣を日本人が受け継いでしまった無条件の従順さ、ブランドへの依存、滑稽なほどに模倣されたデカダンス」といったものを、外国の芸術愛好家たち、つまり美学的に日本を愛する者たちは見ようとしない。やがて、失望がやって来る。「本物の俳句にあるような豊かさ」を見つけだせずに、悲しむことになるわけだ。

それから、留保の言葉がいくらか怖ず怖ずと語られる。そのような純粋な日本は、かつてはあった、歴史上の時間のなかに、われわれが日本にたいして、西洋化の道を歩むよう強制する以前に……。そして、それはいまも、充分に残っている、でも、探さないと見つからない、簡単には手に入らない、と言い添えられる。残っているのは芸術だけ、イメージだけだ。

そのとき、唐突に、アーノルトは自分たちが「これほど頑丈な体をしつつ、同時に目に見えない存在である」と感じるのだ。小さな日本人のあいだで、みずからの大きな身体を恥ずかしがる西洋人という、この転倒した構図はけっして珍しいものではない。それはたしかに、ノーテボームその人の抱えこんだ情緒のねじれでもあった。しかも、その大きな身体を日本人は見ることすらしない。それは不可視の存在と感じられている。ついには、デ・フーデまでが結論めかして、「それなのにぼくは日本人が好きなんだ」と呟くのである。

アーノルトとデ・フーデは対をなして、時間的なズレを孕みながらも、あくまで美学的であることから逃れられず、過去の時間のなかにだけ存在し、現在の空間にはもう存在しない「精神的な日本」を求めていたのだった。いま、日本を探す旅の終わりにいて、アーノルトははじまりの日々へと回帰してゆく。そこでも、行きつ戻りつの蛇行する思考の道行きは変わらない。

> アーノルトは日本にやってきたのだ。まるでここに来れば、デ・フーデが言ったように、まだ何かが見つかる、とでもいうように。それは、世界中ですでに死に絶えてしまったと思われるものであり、ひょっとしたら例外的にトゥアレグ人（サハラ砂漠に住む原住民）のところかアマゾン流域の秘境の暗黒地帯にはまだ残っているかもしれないが、彼が生まれ育ち、人生の残りも

そこで過ごさなければならないと思われる社会のなかには、いずれにしてももはや存在しないものだった。こうした考えと、旅行パンフレットの凡庸さとの矛盾を、彼は頭から押しのけようとしていた。そのパンフレットでは、富士山を背景に撮影した和服の女性の写真を使うことが要求されたのだ。

アーノルトは写真家である。観光パンフレットのために、富士山を背景にした和服の女性の写真を撮ることが、まさに仕事であった。凡庸きわまりない注文仕事である。それでいて、なにかが、世界のどこでだってすでに死に絶えたなにかが見つかるかもしれないと思いながら、日本へとやって来たのだった。くりかえすが、ここでは写真家であることは避けがたい、欠かすことができない条件であった。富士山と和服の女という凡庸なテーマこそが、その「拒否するように、秘密に満ち」た、シロフクロウのような女との出会いをもたらしたのである。

3　富士山と女と鳥居のある風景

男は女の運転する車で富士山の麓に向かった。高架道路の下に広がっている「陰気な人間たちの営みの風景」のかなたには、やがて「本物の日本の風景」が姿を見せるはずだ。北斎の富嶽百景が、芭蕉の『奥のほそ道』の神秘的な雰囲気が、いくらかの真実を顕わすにちがいない。

突然、女が「あそこに富士山が見えます」と言う。「何も見えないな」と、男が言う。女が地平線のある場所を指し示す、「よく見えるはずですよ」と。男の眼がそれをとらえる。「まだスモッグで霞んでいる虚空のなかに、ほとんど見分けがつかないような感じで、山の形が浮かび上がっていた」のだった。巨大な空に白抜きされた空白のように。山はとても繊細そうに見えたが、ぼんやりとして、現実感というものがなかった。

そのとき、男はすでに、「エクスタシーへと導くような陽気さ」に満たされていた。風景は相変わらず醜かったが、文字や看板の記号、標識やトラックなどが、その美しさで「より大きな醜さを帳消しにしていた」のだった。男はこの日、北斎が描いたよりも多くの富士山のある光景を目撃する。そして、女と富士山とが「完全に調和をとりながら互いのものとなり、溶け合い、……均衡を保って存在しているような場所」を探した。そうして撮られる写真のなかに、写真家自身が眼には見えないが、情熱を傾けて存在していなければいけないと感じていた。しかし、どうしたらそんな写真が可能となるのか、男にはわからなかった。

山は、エロティックな事象としてそこにあった。そのことをわかりやすく証明する必要はなかった。高く、尖った頂上で稜線が合わさる山の形は、彼女の顔が持つ色っぽさに何かを付け加えてくれるだろう。まるで、山が乳房の象徴であり、写真では着物の下にしまい込まれている彼女の乳房を表しているかのように。彼女の見えない乳房に形を与える、太陽に向かい、地面に背を向けた一つの乳房。ひょっとしたら、富士山はすでに乳房であるのかもしれなかった。そうやって空に浮かび、手の届かない、近づきがたいところにあって、欲望を目覚めさせる。写真を見た人は、どうしてそうなのか、ただちに言えないまま、その欲望を彼女と結びつけることになるだろう。

男はすでに、充分に欲情している。エロティックなものとして、女の乳房のように横たわっている富士山があった。山は乳房であり、それはただちに、まだ見たことのない、着物の下に秘められている女の乳房を連想させ、欲望を目覚めさせるのだ。そのようにして、女と山とが溶けあう写真を撮りたいと、男はひそかに願った。

ついに、そのような場所へと、すなわち女と富士山とが溶けあう場所へと、女自身によって導かれてゆく。着物に着替えた女が戻ってくる。すでに、男は恋の虜《とりこ》になっている。女はにせものの鳥居のそばに立った。

「これ、とても日本的でしょ」

富士山の白い円錐形が、雪の女王の王冠のように彼女の頭の上に浮かんでいた。山の塊そのものは、彼女の両肩と、あまりにも日本的で惨めな鳥居の上に、流れ込んでいた。彼は、彼女の顔に当たる光の明るさを測るために、彼女に歩み寄った。その光を、太陽がバラ色の輝きで浸していた。

「イエス、とても日本的だ」と彼は言った。

これがつまり求めていた均衡というわけだ。山と、女性と、鳥居。

てから、旅館にもどった。離れの建物に案内され、襖を開ける。そこに、女が「まるで写真を撮ってくださいと言わんばかりに」立っていたのだった。それがなにを意味するのか、写真家である男には、だれよりもよく理解できた。女は疑いようもなく、「その光景のなかに自分をおいたその姿で見られ、保存されたがっていた」のである。共犯関係そのものであった。

着物を着た女性が、天井の低い、空っぽの部屋のなかに立っている。彼女の右手には掛け軸が掛かっており、ぽつぽつと花が描かれている。低い茶卓以外には、その部屋には家具はなかった。

彼女の着物は灰色の地に、赤と金の炎の柄だった。アップにした髪は、表情豊かな顔を照らしているのと同じ黄色っぽい光によって輝いていた。彼女は不動の姿勢で、凍りついたように、その場面のなかに立ちつくしていた。彼は小型カメラとフラッシュを取り出し、彼女の姿をエクタクロームの上に、素早くリズミカルに焼きつけていった。

撮り終わると、男は言った、「きみはとても美しい」と。それから、典型的な旅館の和食料理が次々に運ばれてきて、夕食となる。着物姿の女が、「流れるような優雅さ」で酒を注いでくれる。ほんの一瞬、男の膝に手を置いた。はじまりの予感……。これが西洋の男たちの幻想、いや妄想のなかの日本の女の理想像であったか、と思わずにはいられない。まさしく、絵に描いたような「芸者」の姿である。しかし、笑おうとは思わない。あくまで生真面目なのである。そうして、みずからが日本的ではありえないことに恥じらい、風景から異物として拒絶されていることを意識しながら、恋に落ちてゆくのである。

4　眠る女／死／写真というイメージの連鎖

はじめての行為《セックス》のあと。女は深い眠りについている。男は女を見つめて、恋のゆくえに心を揺らしている。男はかつて、実家のサイドボードに置かれてあった、少女の顔をかたどった彫刻を思いだす。それについて、セーヌ川で溺死した知らない少女の死に顔だ、と父親は説明した。そのときに感じたものと同じ不安をいま、男は感じていた。男は、「愛のあと」の眠りのなかにいる女を、写真に撮りたいと思ったが、どうしても決心がつかなかった。

この場面と精巧なまでに対称的に描かれているのが、女のアパートでの最後のセックスに続く場面である。しばらくの散歩のあとに部屋に戻ると、女は「死んだように、おぼれたように眠っていた」。そう、あのセーヌ川で溺死した少女のように、だ。「今度だけは、彼女の寝姿を撮ろう」と、男は心を決める。


彼はシーツをつまんだ。シーツがあまりにもまっすぐだと、写真のなかで彼女はほんとうに死んだように見えてしまうだろう。それは、とりわけ彼女の眠りのなかに「死んだような」要素があることからくる迷妄だったが、彼は、写真のなかでも、彼女の周りの色彩や細部から、彼女がほんとうに眠っていることを見てとれるようにしたいと思った。眠っている者は、近くにいると同時に、相手からも自分からも遠く離れたところにいる。無力な状態で、しかしそれでもなお、その不在ゆえに、まさに力のある者となって。彼が六度目か七度目にフラッシュを焚いたとき、彼女は目を覚ました。

「嫌だわ。眠っているとき、わたしはわたしじゃないもの」

「いや、きみだよ。ぼくにはわかる」

「いいえ。眠っているときには、目がないもの。でもわたしは盲人じゃないのよ」

女の眠りの色彩や細部にまで執着する男は、まぎれもなく写真家である。そして、写真はたんなる小道具ではない。そもそも写真には死の匂いがつきまとう。以前に、ある写真家のピンホール・カメラを用いた作品を見たとき、それがあまりに死の匂いに色濃く覆われていることに、心が波立つのを覚えた。都市の情景だったかと思う。そこでは、老人はくっきりと写るが、幼い子どもはブレて写る。子どもは一瞬にして駈け抜けてゆくからだ。死へと近づいている老人だけが、緩慢な動きゆえに鮮明な像を留めることができる。写真と死との親和性は、その起源からして否定しようがない。

だから、眠る女／死／写真というイメージの連鎖は、けっして偶然ではない。男はなぜ、「愛のあと」の女の寝顔に執着を示したのか。いくつかの推理が可能だ。たとえば、眠りそのものがつかの間の死を連想させること。あるいは、防御をほどかれた寝顔が、一方的に他者の眼差しにさらされることとも関わりがありそうだ。盲人ではないにもかかわらず、女は「目がない」状況に追いこまれている。見る能力を剥奪され、ひたすら見られる存在に留め置かれている状況は、なにより棺のなかの遺体にこそ酷似している。そして、いま、日本的なるものは死に絶えようとしているという認識にとっては、日本的なるものと置き換えが可能な女が、眠る女、死んだ女として表象されることには、避けがたい必然が感じられる。

男の仕事机のうえの壁には、北斎の絵の複製が掛けてあった。ガールフレンドの一人はそれを見て、「こんな絵を掛けるなんて病気だわ」と非難したらしい。男も内心では、それに同意していたのだ。

切り離された女性の首の絵だ。両目は閉じられており、二本の孤独な黒い線に過ぎなかった。しかし口は開いており、上唇よりも下唇のほうが赤かった。少しウェーブの掛かった髪に縁取られ、葦の繁みのなかに横たわっているその首の、顎のところには一匹のトカゲがいた。顔の右には、ほんの軽く筆でなぞっただけの血の跡があった。この赤と、トカゲの緑色だけが生き生きとした色で、それ以外はみな褐色だった。軽いタッチで描かれた一本一本の葦は、静かな顔の真上にまで伸びていた。ときにはその顔が、笑ったり、何かを言おうとしているようにも見えた。

残酷の美であったか。切断されて、葦の繁みに横たえられた女の首の絵であった。閉じられた両の眼と、開かれた口、赤い下唇。顎のあたりを這うトカゲ。顔の右側のかすかな血の跡。褐色のなかの、緑と赤。この女の首もまた、日本的なるものの隠喩であったかと思う。過剰なまでの美意識に呪縛されている写真家は、みずからの日本的なるものへの嗜好が病的であることに、むしろ自覚的であった。すくなくとも、作家はそのように描いている。

あるいは、男が一人、女の部屋での最後のセックス、その「愛のあと」の寝乱れた女を残してアパートを出てゆく場面があった。玄関に行く前に、男はもう一度振り向いたのである。

彼女は半分だけ服を脱いだ状態で、エロティックな白い彫像のように戸口に立っていた。和室の簡素な装飾のなかの、ほとんど動きのない一枚の絵だ。彼のまなざしは二重のまなざしで、愛人のものでもあり写真家のものでもあった。

男はいわば、愛人としての禁忌を侵して振り返ったのである。そうして女を写真家の眼で眺めていた。写真的な欲望に促されながら、その情景を「繊細な水墨画」のようだと感じる。「襖の和紙、細い木枠のあいだのそれぞれの側面には、明るい灰色の色調を保って山の風景が描かれている」のである。ここでも女と山とは溶けあわねばならない。その仮想のものである風景、そこに生まれている空白の背後で、女は運命の女神のように佇んでいたのだ。

なかば肌脱ぎの「エロティックな白い彫像」のような女は、静止した一枚の絵画となって、敷居のうえに立ち尽くしていた。視覚的な優越性があきらかだ。すべては眼差しをさし向けられる対象《オブジェ》であった。見られる女、見られる日本旅館、見られる富士山、見られる日本。視姦される女としての、いや「芸者」としての日本ということか。その姿で見られ、保存されたがっている女とは、反転すれば、そのように男の欲望に寄り添いながら、挑発し、もてあそぶ女でもあった。女はそのままに、日本ないし日本的なるものと置き換えが可能だ。だから、主人公は写真家であることを避けがたく必要とされたのである。写真というメディアこそが、視姦的な欲望ともっとも親和的であることは、あまりに自明であった。そこに、もっとも生々しく、日本的なるものがむき出しに顕われるはずだ。

5　複数性をもってひき裂かれた存在

「木犀！」は愛と憎しみの物語である。それは、西洋という男から日本という女にさし向けられる、ひき裂かれた情緒の錯乱それ自体を主題化している。「東洋の異質な閉じた肉体」を前にして、男はつねに不安に駆り立てられている。男が女にたいして感じている魅惑の源泉が、「よそよそしさ、謎、近寄りがたさ」などであってみれば、それがときに反転して、男を脅かし、いずこへか追放しかねない野卑な貌をむき出しにすることもまた、当然であった。

オランダから訪れた若い男の前に、日本ないし日本的なるものは謎めいた女として立ち顕われている。その女は三つの仮面を重ねてつけていた。それはときに、アジア的な仮面／彼女本来の、だれも寄せつけようしない仮面／睡眠という保護膜であった。あるいは、その女には三つの名前があった。雪面（ユキオモテ。第一印象。男のためだけの秘密の名前）／サトコ（男がけっして使わない、彼女自身の名前）／木犀（二人のためだけの名前）である。女はすでに、名前からして、複数性をもってひき裂かれた存在なのであり、それは日本的なるものが帯びる民族的な複数性と真っすぐに対応している。

彼にとっては、こうした閉じた表情すべてのなかに、常に何か現実とはかけ離れたものが残り続けるだろう。しかし、自分が愛した女性の表情は、そのなかにすでに二重の仮面を擁していた。至るところで目にするような、まぶたを整形手術して西洋的に整えた人形のような人工的な顔ではなく、彼女のなかに古い民族が存在しているかのような、仮面の下のもう一枚の仮面。モンゴル人、アイヌ人、キルギス人。秘密めいた知られざる遊牧民族。彼女のなかに定住した草原の民族。人は彼女と接触することでその民族に触れ、失われた時代に触れる。もはや存在しないもの、もうけっして存在しないであろうものに。

この前段には、「肝心なのは日本的なものにおける日本らしさなのだ」とあった。いくらか苦しい同義反復であったか。どこか非現実の匂いがまといつく、秘密めいた、女としての日本／日本としての女。その複数性がここでは、二重の仮面として比喩的に指し示されている。またしても、仮面という比喩だ。西洋化した仮面の下に、古い遊牧民族の仮面が隠されている、という。はるかに遊牧の時代は遠ざかり、いまは草原に、いや都市に定住する。それゆえに、民族的な複数性は抱えこまれ、沈められる。西洋の男は日本の女への恋のなかで、すでに失われた、もはや存在しない遊牧民族とその時代に触れることになる。遊牧民族という、いくらか唐突な比喩がなにを意味しているのかは、あえて曖昧なままに捨てておく。

さて、二人の最後のセックスの描写である。舞台は、はじめて結ばれた、過剰にキッチュな日本という意匠をまといつかせた、あの旅館であった。

彼らは裸のまま、畳の上で、低いテーブルの脇に横たわっていた。これは、何よりも戦争みたいだな、と彼は思った。彼女の愛には憤怒が混じっていた。彼の憤りに呼応した憤怒が。噛んだり、飲み込んだり、相手のなかにこのときとばかり押し入ったり、相手を食べ尽くしたり、一緒に連れていってしまうこと。相手のなかに入り込み、一つになりたいと思いながら果たせず、別れること、離れていくことをくりかえし強いられる人間たちの、どうしようもない企て。

日本ないし日本的なるものへの恋は、こうして幕引きの瞬間《とき》を迎えるが、それが日本人の女への恋と重ねあわせにされてきたことが、その避けがたさが妙に納得される。噛む、飲みこむ、押し入る、食べ尽くす。そうして一体化を願いながら、果たせず、離れてゆかざるをえない。これら性愛にまつわる隠喩の群れは、そのままに日本的なるものへの恋慕と訣別をめぐる隠喩でありえている。こんな一節もあった。すなわち、「脅かされているような気分、激情や戦いによる挑戦、それが、理解が及ばない愛の確認や、噛みつくという行為に形を借りた愛撫と一体になっている。しかし、まさにそれだからこそ愛なのだ、ということが彼にはわかっていた」と。きっと、これは愛ではなく恋であったと思うが、これ以上は触れずにおく。

いずれであれ、謎めき魅惑に満ちた、女としての日本／日本としての女と、あくまで肉欲をもって交わりながら、西洋の男はひたすら「精神的な日本」を恋い焦がれている。しかも、そんな日本は「過去の時間のなかにだけ存在するのであって、現在の空間にはもうない」ことを、男は承知しているのだ。なんとも始末の悪い恋愛ゲームであることか。だから、「木犀！」という短編小説は、みごとな日本趣味についての解析の書でありえているのだと思う。

6　それでも日本教の信者であること

奇妙に聞こえるはずだ。それでも、『木犀！／日本紀行』に収められた幾編かの紀行エッセイによって、「木犀！」という短編小説にたいする注釈作業ができるかもしれない、と思う。エッセイだから書けることがあると同時に、小説だから書けることがある。小説ではあらわに、性愛のドラマとして日本趣味の深層に隠されているものが寓話的に炙りだされていたが、紀行エッセイでは逆に、それは禁じ手だろう。

セース・ノーテボームの立場はあきらかだ。このオランダ人作家は、日本でどれほど「恥知らずなこと」（つまり、日本的なるものの自覚なき破壊）がおこなわれているかを知ってしまったがゆえに、もはや無垢な心は失いながらも、幸いなことに、依然として「日本教の信者」であり続けている。それを隠していない。むろん、いまもそうであるかは、神のみぞ知る、だ。

二十世紀の日本と、我々は世界戦争を戦った。その戦争には、この地上で初めて使われた、たった二発の原爆によって結着がついた。我々は文楽や浮世絵、歌舞伎や生け花の日本と関わりを持っているだけでなく、ホンダやトヨタ、ミツビシの日本とも関わっている。我々の関心――一方では危険な、競争力のある経済大国への不安、それと同時に、日本が自らに課した何世紀もの鎖国のあいだに、どうやら我々よりもずっとうまく持ち続けることのできた精神的な価値への憧着――は分裂している。日本そのものが分裂しているからだ。（「北のアトリエ、パリの北斎」）

ノーテボームにとって、どうやら日本という国とその文化にたいする格別の敬意は、西洋の国々とは異なり、何世紀もわたって、かれらよりも巧みに「精神的な価値」を保持してきたことにあるようだ。たとえば、鎖国の時代に、なぜ北斎という芸術家が生まれたのか。「北のアトリエ、パリの北斎」と題されたエッセイは、こんなふうに書きだされている。すなわち、「日本がヨーロッパにとってまだおとぎの国であり、もっとも遠い国の一つだと思われていたころ、当時はまだ江戸と呼ばれていた東京において、八十三歳の老人が、一日一作のペースで墨絵を描き始めていた」と。むろん、北のアトリエ（書斎）、北斎である。「木犀！」という短編小説にくりかえし登場してきた名前でもある。「北のアトリエ、パリの北斎」はまさに、すでに「日本から追放された」（と感じていた）ノーテボームが、それでも「日本教の信者」として、一九八〇年にパリで開催された北斎展について印象深く書き記したエッセイである。

パリの北斎を眺めながら、ノーテボームは二度の日本への旅のなかで体験した幸福と挫折について、鮮やかに語っている。

　我々が日本で探していたのは、時間のなかにのみ存在し、空間のなかにはない日本なのだ。最初の訪問の際にはすっかり感激してしまって、大きな醜さのなかにも小さな美しいものを見ようとするし、日本の美学に感動して元気を回復し、勧められるままに京都や奈良にも行き、焼き物の美術館でショウケースのそばを歩き回り、午後はまるまる歌舞伎の芝居を見て過ごし、寺の空気に浸り、庭園の完璧さに気分を昂揚させる。ラフカディオ・ハーンやその他の人々の本に書かれていたことがすべて立証されたと思い、食事も含めてあらゆるものに精神的なニュアンスを感じ、そうして、見たくないものには目をつぶるのである。（「北のアトリエ、パリの北斎」）

はじめての日本の旅はそうして、かぎりなく幸福なものでありえた。見るもの、聞くもの、触れるもの、食べるもの、それらすべてから「精神的なニュアンス」を受け取って、感激したのである。むろん、それは基本的には「一種の幻想」であり、あらかじめ頭のなかに詰めこまれている「禅宗から源氏物語に至る一連の文化的書き割り」に寄り添いながら、一方的な陶酔に浸っているだけのことだ。

> 二度目の訪問の際、わたしは日本社会の不透明さにぶち当たり、心から憤激した。今日の日本において、かつての日本を見出すためには、日本語をきちんと読んだり書いたりできなければいけないことがわかった。わたしの場合それにはもう手遅れだし、今後はこの展覧会のように、「純粋に」日本的なるものとして差し出される部分や、翻訳で読めるものに限定していかなければいけないことを認識した。言い換えれば、もう日本に行く必要はないということだ。わたしが見たいものはここにある。もしくはここに来るのだ。(同上)

そうして、ノーテボームは「意味を言語から汲み取ることのない、機会仕掛けの日本趣味」(「冷たい山」)こそを、みずからの棲み処とすることを選び取るにいたる。もはや、日本語やそれを表わす文字には仲立ちされることなく、日本を実際に訪れることもせずに、日本的なるものを、たとえば展覧会のなかで味わい体験することだ。わたしが見たいものは、ここに存在する、それはここに来訪する（いや、降臨する……）のだ、と観念するしかない。そう、思い定めたのである。言葉に仲立ちされずには、日本的なるものの「剰余価値」には届かず、「美的な外観」に留まるしかない。それが、ノーテボームの断念であり、諦観であったか。

こんな一節が、やはり「冷たい山」に見える。

> 日本の風景には、霊たちによって生命が与えられている。という考えは空想に過ぎないかもしれないが、いたるところにある地蔵やお堂、社、記念の石などによって、その思いがかき立てられる。都市にもそのような地蔵や社があるが、ここの自然のなかでは、それらのものは風景とのつながりのなかにすっかり入り込んでいて、風景を一段階高め精神化したものを表しているようにさえ思えるのだ。

地蔵や石碑、お堂や社などが自然とともに織りあげている風景が、ひときわ高い精神性をもって感じられることは、とりたてて珍しいものではない。それをもう一歩だけ踏みこんで、霊的なものが風景に生命をあたえていると見なす感性は、アニミズムと名づけられるべきものかもしれない。それは迷妄や、たんなる空想にすぎないのか。ともあれ、ノーテボームが日本的なるものを、つねに精神的な、また美学的な意匠において語っていることは、偶然ではあるまい。

それは菓子屋のショウウィンドウだった。和菓子でどれほど美しい展示物が作れるかという、美のクライマックスにほかならない。溶けてなくなってしまう芸術品の、その場かぎりの美術館。中津川の松月堂。……なかなか食べる気にはなれないだろう。その完璧さが、食べることを禁じているのだ。象徴的な意味を込めて、わたしは店内に足を踏み入れる。そして、店番がいないことに驚き、そこに展示された品々を観察する。幾何学模様、色遣い、小さなクリストたち、新野獣派の浄化されたパレット、ショーンホーフェンの陰影をつけた白い線。二十世紀の芸術品を二百グラム購入して、わたしはまた外に出る。でも、見ている人がいなくなるまで、それを口にする勇気はない。(同上)

美しい和菓子は、溶けてなくなる芸術品であった。ほとんど食べることを禁じられたかのような、かわいらしい畏怖がつきまとう。別のところでは、商品の包装について、とても洗練されたパフォーマンスであることが指摘されている。すべてがその細い指によって、宝石になり、芸術品へと高められるのだ。ノーテボームはおごそかに言う、「この国ではしばしばそうであるように、美は細部に宿っている」と。日本教の信者として、なかなかに筋金入りではなかったか。

ところで、最後に触れておきたいことがある。木曽の妻籠の民宿にて。ノーテボームはなぜか、小さな部屋ではスーツケースがあつかましく、濡れたレインコートが猥褻に感じられるのだ。それらは「ここにあるべき物ではない。分厚すぎる。ここではすべてが、センチメートル単位に分類されているのだ」という。小人国に迷いこんだガリバーのように、いや、それほど体格が大きいわけではなかったが、日本家屋はやはり小さくて、「自分がまだ周りの環境に馴染んでいないときにはとりわけ、自分の存在を無様でぎこちないものと感じてしまう」(「冷たい山」)という。この倒錯的な感覚には既視感がある。そう、「木犀!」のなかにも見いだされたものだ。それはきっと、日本教の信者たちに共有されている特異な情緒ではなかったか。

日本趣味はよじれている。いったい、日本的なるものなど存在するのか、存在したのか、という問いは、どこか痛ましさを感じさせずにはいない。日本的なるものとはきっと、喪失の痛みとともに、かぎりない静謐に包まれ、「死滅した文化の雰囲気」（『女護の嶋』の幻影」）のなかでしか体験されえぬものなのだろう。セース・ノーテボームの日本趣味の、その後を知りたいと、ふと思う。

第5章　失われゆく風景のなかで――アラン・ブース

1　二つの『津軽』はともに傑作である

わたしの前にはいま、二つの『津軽』の文庫版が仲よく並んでいる。一冊は太宰治の『津軽』（岩波文庫）であり、もう一冊はアラン・ブース（一九四六〜一九九三）の『津軽――失われゆく風景を探して』（新潮文庫、柴田京子訳）である。太宰の『津軽』は文句なしに傑作だ。一九四四（昭和十九）年五月の津軽の旅によって産み落とされた。紀行のようにも小説のようにも感じられる、不思議な作品である。すくなくともわたしにとっては、太宰治の作品のなかでもっとも心惹かれてきた一冊である。隠そうとは思わない。

それにたいして、ブースの『津軽』はまさに、その太宰の『津軽』の跡を辿ることをめざした、やはり紀行とも小説ともつかぬ奇妙な作品である。ブースの旅は太宰に遅れること四十四年後の、一九八八年の五月から六月にかけておこなわれている。わたしはこの、もうひとつの『津軽』もまた、なかなかの傑作ではないかと思っている。

なにか、とても深いところで、二つの『津軽』は共鳴しあっている気配がある。まるで太宰と競いあおうというのか、ブースは大きな身体に、ひたすらビールや酒を浴びるように流しこみつづける。そして、この旅の五年後に癌で亡くなっている。尋常ではないアルコールの飲み方と無縁であったとは思えない。アル中は自殺未遂の別名詞ではなかったか。ブースはくりかえし、太宰の自殺未遂について言及しているが、偶然ではあるまい。

それでいて、太宰のほかの作品について論じる場面はすくなかった。ただ『津軽』については、かなり丹念に読みこんでいる。ブースの『津軽』はどこか、太宰の『津軽』の注釈の試みのように感じられる瞬間がある。ブースは書いていた、『津軽』とは、太宰その人が「運とも世間とも折り合いの悪い自分という人間を、精いっぱい掘り下げた」ものであり、また、「自分の生まれた土地の自然を探っていく中で、精神を形づくり、養い、打ち砕いていくもろもろを」探っていったものである、と。的確な批評である。大きなリュックを背負って、ブースは津軽の山野を、海辺の道を、村や町を歩んでゆく。そこかしこに太宰の影があって、ブースはそれを丁寧に、あくまでユーモアに富んだ眼差しで批評的に描き留めていった。

一九四四年五月。四度目の自殺未遂の七年あと、そして、五度目の自殺に成功する四年前、心頭滅却と花咲く果樹について書いた男、太宰治は、東京の出版社の依頼で、生まれ育った津軽を訪れ、本を書くことになった。彼は五月の十三日、ぼくが雨に濡れそぼって青森を出た日に到着、この外ヶ浜を北上して竜飛岬に向った。そこへ、これからぼくもいこうというのである。(「外ヶ浜」)

いや、念のために言い添えておくが、ブースは太宰の旅の跡を素直に辿ったわけではない。太宰の残した歩行の線分をひとつひとつ確認しながら、辿ると見せかけて、たいていは斜めに交叉し、意図的に離れ、脱線し、また思いだしたように回帰してくるのである。そこに描かれる歩行のラインは、太宰のそれとけっして予定調和に重なっているわけではない。ブースは太宰のモドキではあるが、太宰の見ることのなかった風景のなかを歩いている。それゆえに、ブースの『津軽』は、「失われゆく風景を探して」という副題を避けがたく引き寄せずにはいない。

ブースは二度結婚し、一度は人の子の父となり、「監禁されたことも病床についたことも警察の訊問を受けたこともなく、すきなだけ反体制をうたえる国と時代」に生きていた。むろん、太宰とは異なり……ということだ。そこでは、世に抗う姿勢を見せることが「義務ではなくファッション」であり、外国人のブースは「変った無責任な意見をもっていて当然と思われていた」ともいう。それほど太宰の人にも作品にも関心があったわけではないが、二十三日間にわたって津軽を旅することには執着したのだった。むろん、太宰が津軽に滞在していた日数である。しかも、太宰がバスや汽車や船を利用したところを、すべて徒歩で廻ろうというのがブースの目論見だった。

そして、太宰が見たものを見よう。あるいは見ないかもしれない。なぜならぼくには、自分が探しにいくのが、人間なのか、国なのか、はたまた失われてしまったものなのか、わかっていなかったからだ。(同上)

それにしても、ブースの〈歩く・見る・聞く〉作法は独特のものであった。つねにアルコール漬けであり、まったく隙だらけであったが、それゆえに、だれと構わず出会った人たちの懐に分けいってゆくことができた。弘前のヤクザらしきマツオカさんとの友情あふれるやり取りなど、とても気持ちがいい。「外人」ゆえに忌まれ、敬して遠ざけられることは多かった。しかし、それを逆手に取って、ときに津軽民謡やら演歌などをみごとに歌ってみせて、度肝を抜き、仲間に入れてもらう。そうして、それぞれの人生のあれこれを聞き出してしまうのである。

こんな一節があった。

「今度はセンセイ、あなた歌ってくださいよ」とおばあさんがいった。そこでぼくは鯵ヶ沢甚句を歌った。最初の一行で、みんな麻痺したようになった。

「……七里長浜　高山稲荷……」

ところが二行目になると、おばあさんはカメラをひねくりはじめ、強情そうな目の男を除く工夫たちは四リットル入りの焼酎びんの首を箸でちんちん叩き出し、おじいさんはといえばテーブルの周囲をぐるぐる踊り回り、一節終るたびに、ぼくと握手を交わそうと足をとめるのだった。（同上）

秀逸な、気持ちのいい場面だと思う。そうして、ブースはどこでも聞き書きを重ねていったのである。戦後の、高度経済成長期の日本を歩いた、すぐれた異邦人の旅師であったかと思う。

2 風景殺しをめぐるいくつかの注釈から

いたるところに、高度経済成長の傷跡がむきだしに転がっていた。青森市内から外ヶ浜街道をひたすら北へ、北へと歩いてゆく。この海沿いの道はとても狭くて、村々は海と山のわずかな隙間に、「たがいに角突き合いながら、……押しひしがれ」(「外ヶ浜」)たように連なっている。「暗褐色の、長いヘビの抜けがらのよう」な村々であった。昭和が尽きるころから、幾度となく、この狭い道を車で駆け抜けたことはある。わたしが車窓から眺めた同じ風景を、ブースは歩きながら眺めていたのか。そう思うと、なにか申し訳ないような、痛ましいような気分が寄せてくる。ブースはきっと、外ヶ浜街道に点在する村々の傷跡に、わたしよりもはるかに深い眼差しを向けずにはいられなかったはずだ。

ブースはじつは、一九七〇年代の後半に、北海道の宗谷岬から鹿児島の佐多岬までの三千数百キロを徒歩で縦断し、『ニッポン縦断日記』を刊行していた。高度経済成長期の日本を、おそらく、われわれ日本人以上に生々しく、壊れてゆく眼前の出来事として目撃していたのである。『津軽』にも、こんな一節が見える。

日本の村々はあまりに似通っているので、どこでバスを降りるのかみんなどうしてわかるんだろう、と思うことがある。二十年、三十年を経ている建物はまあ見つからず、戦前の建物があるとしたら、神社か米屋か、さびついた火の見櫓なのだ。これは——少なくとも津軽では——爆撃や地震のせいではない。都会を離れた地域の主たる建築材料が木材であることとも、あまり関係ない。木材で長もちする建物を建てることができるのは、今も残っている日本の古寺で証明済みである。それよりもむしろ、ものをとり壊してはまた建てるということに対する日本人の情熱のなせるわざなのだ。（同上）

そしてブースは、日本には四十六万を超える建設会社があって、産業に従事する者たちのおよそ一〇パーセントが雇用されているという現実を指摘する。だから、ここでは「一世代以上建物を放置して」おくことは許されない。もはや、外ヶ浜の村々や港には、「かつてそなえていたやもしれぬ絵のような美しさ」は失われていた。その護岸用の防波堤には「とげとげしたコンクリートの多面体」、つまり消波ブロック（テトラポットという商標を有する）が積み上げられていて、ブースの神経を逆撫でするのだ。

たとえば、太宰が「明るい港町」と回想していた今別については、外ヶ浜のほかの小さな町と同様に、「町の四分の三がとこは死んでいるように映った」とか、「町全体が、葬式の背景としてデザインされたかのようだ」と書いていた。辛辣ではあったが、毒舌ではなかった。どこか愛ゆえの憤懣《ふんまん》がほとばしっている。その文体はユーモアに満ちており、たいていはみずからの道化性を充分に自覚しているために、やさしい眼差しを感じさせる。

太宰は『津軽』の、やはり「外ヶ浜」の章のなかで、ひとつの魅力的な風景論を語っていた。太宰の前にあったのは、異様なまでに凄愴なもので、「もはや、風景でなかった」という。太宰は書いていた、風景というのは「永い年月、いろんな人から眺められ形容せられ、謂わば、人間の眼で舐められて軟化し、人間に飼われてなついてしまって、……人くさい匂いが幽かに感ぜられる」ものだ、と。そうして、昔から絵に描かれ、歌に詠まれ、俳句に吟ぜられてきた名所や難所には、「すべて例外なく、人間の表情が発見される」ことになる。だから、この本州北端の人手が加えられていない海岸は、「てんで、風景にも何も、なってやしない」―、風景以前だと、太宰は感じたのである。

これについて、ブースは以下のように、いくらか迂回しながらの反論を述べていた。

人間の感覚に訴えるには風景にも人間の手が入る必要がある、という見解については、同じ道を歩きながらぼくもじっくり考えうんざりしてしまった。これは、セメント製造業者や三厩の発展を考える協議会あたりに迎えられてきた考え方である。しかし宇鉄という小さな村を通って、そうした考えが、ぼくの反論などより手痛いしっぺ返しをこうむっていることがわかった。

たしかに、この竜飛岬への道は、太宰の時代とは大きく様変わりしていたのである。すでに、たっぷりと四十六万の建設業者の内のいくつかが無惨にも改変の手を加え、人臭い風景に変じていたのだった。それは、ブースの眼には、太宰の風景論が「手痛いしっぺ返しをこうむっている」図柄にも感じられたのかもしれない。しかし、いくらかの留保が必要だろうか。「風景を栽える」(柳田国男)といい、「風景は人が作るものだ」(宮本常一)という、民俗学的な風景論に慣れ親しんでいる者にとっては、太宰の感性こそが真っ当なものであった。すくなくとも、太宰の風景論と、高度経済成長期の風景殺しとを一緒くたに論じるわけにはいかない。

3 それは生活するために建設された町だ

それにしても、以下のような辛辣な批判はどうだろうか。津軽半島の静かな山を抜けてゆくとき、ブースはゴミ捨て場に出くわした。打ち棄てられた冷蔵庫や洗面ユニットや洗濯機の墓場のような、あれだ。

驚くべきことは、〝日本人〟が〝自然を愛する〟とか、自然に対して、他国ものの理解の及ばぬ独特の神秘的なる関心を抱いているといった言葉が、いまだにしょっちゅう聞かれることである。ぼくは躊躇なくいう。このようなゴミ捨て場は、ぼくの理解の及ばぬもいいところであって、とたんにぶちぶち文句をいい、ののしりたくなる。その怒りは、日本が〝現代的〟になりすぎたとか〝西洋的〟になりすぎたとかいう、ロマンティックな失望からくるのではない。神話的通念と目に見える現実とがこれほど徹底的にくいちがっているのに、なおおべんちゃらをいわれつづけている、ということに対する怒りなのだ。日本を訪れてブーブー文句をいっている外国人は期待を抱きすぎるのだ、と非難されることがある。だけど、悲しいのは真実を見てしまったからではない、ウソのしぶとさなのだ。(「稲田の湖《うみ》」)

痛烈ではあるが、まったく的を射た批判ではあった。高度経済成長期が残した破壊の痕を数限りもなく、その眼で見届けてきたブースにとっては、日本人のなかにはいまだに神秘的な自然観が生きているといったウソは、とうてい許せるものではなかった。そうした神話化された通念と、眼の前に転がっている山中のゴミ捨て場のような現実との無惨な隔絶にもかかわらず、ウソがしぶとくも生き延びている、そのことへの怒りに、ブースは身を震わせていた。むろんここでも、愛すればこそ、であったはずだ。これは日本文化を貶めるための、あえてする批判といったものではない。

たとえば、ブースは津軽の内陸の町々が気に入った。それはしかし、ヨーロッパの古びた町の魅力とは、まるで異なったものだ。ブースによれば、西洋の魅力的な町はたいてい、「高いところから見て好もしい景観を備えている」という条件を有している。そうした町や都市は、日本ではほとんど見いだされない。なぜなら、「爆撃と火事と地震と台風と四十六万一千にのぼる大忙しの建設会社の関心が、そうはさせなかった」からだ。ブースはついでに、京都の街の醜悪さを指摘している。仮りに京都に魅力があるとしたら、それはそこに美しいなにかが内包されているからであり、眺望や景観にあるわけではない。「まわりの不協和音に抗うように存在し、発見するのに一生かかるかもしれない、えもいわれぬ、ときに小さな細部があるからなのだ」(同上)という。ここに見える「小さな細部」という言葉こそが、キーワードではなかったか。

しかも、ブースが津軽平野の町々を気に入ったのは、そのような美しい細部や、絵葉書のような美観のゆえではなかった。つまり、京都の魅力とはまた異なったなにかが、そこにはある。ブースは、ある意味では、とても衝撃的なことを言ってのける。すなわち、「魅力の哲学のようなものを一切受けつけない勤労者たちの頑固さゆえに気に入ったのだ」と。魅力そのものを受けつけない、というのとはいささか異なっている。それはまた、「ただ通過するのではなく生活するために建設されたところにいる、という感覚を味わわせてくれた」といった言葉に翻訳されることで、いくらか真意が受け取りやすくなるかもしれない。その土地に暮らす者たちのためにのみ造られた、頑なな景観であると感じられるところに、ブースは喜びを覚えたのである。『津軽』には、そんな思索の言葉がいたるところに散りばめられている。その眼差しはやわらかく、深い。

4　島国にとって、それは要塞か牢獄か

ブースはイギリスのロンドンの下町出身である。イギリスも日本も、ともに島国である。この島国について触れた一節には、そそられるものがある。

日本は確かに島国である。だから、その歴史と国民の意識において、海がとてつもなく大きな役割を果たしている（もっとも文学においては、全くといっていいほど果たしていない）。しかし、島国には二つの側面がある。島を要塞として見るか、牢獄として見るかだ。生来そとに目が向いていて独立心旺盛な人間たちは、圧倒的に要塞としての視点から見てきた。そこで、まわりをとり囲んでいる海を、強大な力の源と見るのだ。（「稲田の湖」）

イギリスの場合には、「自然が自ら築いたこの砦」（シェイクスピア）として、つまり島を要塞と見なしながら、大洋という公道に身を投じて世界の半分を占める帝国を築きあげた。それとはまったく対照的に、日本の場合には、歴史的に島は牢獄と見なされてきた。それ

はいわば、内側に陰気な眼を向ける習慣と、「閉じこめられ、囲われ、数限りない恩恵を奪われている」という思いとがひとつになった見方だ、とされる。海はまさしく、「冷酷で気まぐれで危険な障壁」であり、「獄舎の扉」であり、「公道」ではなかった。だから、海を渡ってゆくことは、「混沌をもてあそぶことであり、未知という恐るべき鬼とたわむれること」であった。

たとえば、すでに第3章のなかで、わたしはマライーニの『海女の島　舳倉島』を取りあげている。そこでは、イタリアとの文化史的な比較において、ほとんどブースとは対照的に、「海の民族」という日本人のイメージが語られていた。なかなか興味深いズレではなかったか。しかし、マライーニとブースのどちらが、日本人論としてより正しいかといった問いは、意味をなさない。どちらも、日本人と海との関係をめぐって、部分的な真実は語っていたと思われるからだ。

戦前の、帝国・日本が南太平洋に植民支配を押し広げていたころには、日本人は自己認識として、「海の民族」というイメージを共有していたのではなかったか。それはしかし、敗戦によって南洋と呼ばれた植民地を失って以降は、劇的な変容を蒙ることになった。海はいつしか、「冷酷で気まぐれで危険な障壁」と化して、「獄舎の扉」となった。すくなくとも「公道」ではなかった。ブースはだから、「日本という国家は、海を恐れているように見える」と書いたのだ。生涯にわたって東京に住んでいる人たちが、太平洋に面した湾の上に暮らしていることを忘却している。ブースは後半の「出湯と城」のなかにも、こんな言葉を残していた。すなわち、アジア人の大半がそうであるように、日本人も「伝統的に海にはあまり魅かれてこなかった」と。

たとえば、『日本の渚』(加藤真)という本のなかには、「江戸は一〇〇万人をこえる人々が暮らす個性豊かな都市だったが、その江戸を抱いていた江戸湾(東京湾)にも、豊饒な干潟の自然があり、人々のにぎわいがあった」と見える。近世の名所図会や俳諧の世界にも、江戸湾の干潟で遊ぶ人々の姿が描かれていたのだ。それにもかかわらず、それはあくまで湾内の渚や干潟に見いだされた人が海と戯れる情景であり、房総半島の沖合いの、そのはるか彼方の太平洋を舞台としたものではなかった。ブースは先の引用のなかで、日本文学においては海がほとんど役割というものを果たしていないことを、周到にも指摘していた。示唆に富んだ指摘であった。海の印象が稀薄であることは、たぶん否定できない。日本文学の長い伝統のなかには、いわゆる海洋文学が不在なのである。

それにしても、ブースの眼差しが届かない世界があったことまで、否定するわけにはいかない。『日本の渚』には、「江戸は江戸湾の豊饒さとともに栄え、東京は干潟環境の犠牲の上に近代化を遂げていった」と見える。残念ながら、ブースは近世の江戸湾の豊饒を知らず、干潟が埋め立て地に変えられ、急速に汚染されていったあとの東京湾しか知らなかったのだ。江戸前の寿司はいまも、まったくの死語ではない。浅草海苔も佃煮もかろうじて生きながらえている。その意味では、東京の住人たちが、太平洋に繋がる湾のほとりに暮らしていることをまったく忘却してきたわけではない。

5 コケシには子殺しの記憶がまといつく

ブースの妻は中国人であった。妻の友人の日本人は、ブースについて、「ほんとに日本人ね。あたしたちなんかよりずっと日本人だわ……」という。配達に来た米屋さんも、娘の保育園の先生も、出版社の男も、どうして「あのようなもの」を買ったのかと、不安そうに問いかける。

なにしろ、家のなかに、テレビとトイレにはさまれて、台所のドアのうえに板が掛けられ、神棚が鎮座していたのだ。白木造りの、屋根も二重扉も階段も柵もついた、神社の模型のような細工の神棚であった。その左右前方には、小さな白い磁器のキツネたち、稲荷の使いがすわっている。藁で編んだしめ縄が垂れている。サカキを活けた白い容器まである。白い磁器の壷には酒が供えられている。ブースはいう、「日本の神々は、宇宙的、あるいは普遍的なものであってはならない。日本の神々は、同族の中にのみ存在するのだ」(「出湯と城」)と。

ここで、ブースは大きな宗教と小さな宗教の違いに触れる。大きな宗教は改宗者を求めて、ときには、「より敬虔な世界を達成する」ために、人の頭をかち割り、四肢をねじ切り、舌を抜き、心臓を焼いたりといった暴力も辞さない。ところが、小さな宗教は改宗者も、敬虔な世界も望まず、ただ「種族の秩序と安定」を求めて祭儀をおこない、それはいつだって排他的であった。部外者にはせいぜい、生け贄という役割があたえられるだけだ。

ここで、秋田の男鹿半島のナマハゲの祭りに参加を許された体験が呼び返される。ブースはそのとき、多くの人が閉め出されるナマハゲの行事を見せてもらえただけでなく、村人の参拝の先導役まで託されたのであった。なぜ、そんなことになったのか。

ぼくは、自分が外国人――部外者の骨頂――であることを疑わない。鬼どもだって部外者である。彼らは、湖をわたり、不毛の山からやってくるのだ。彼らは奇怪であり残虐非道だ。ひとを脅しものをぶち壊す。そしてぼくが受けたもてなしは、彼らに対するもてなしとまさしく同質だった。彼らは、一年三百六十五日のうちのたった一晩、この夜に限り、招じ入れられ、ちやほやされ――しょうがないとがまんしてもらえる。残りの三百六十四日は、近づかずにいてやるよ、と約束するわけだ。(同上)

外国人である自分は、奇怪で残虐非道な鬼と同質であるがゆえに、あのように奇妙に歓待されたのだと、ブースは考える。いくらか自虐的ではあったが、すくなくとも祭祀の構造のなかでは、外国人=鬼という等式はむしろ自明なものであったはずだ。ケの日には排斥され、厳しい差別を蒙る人々、つまり聖痕《スティグマ》を背負わされたモノたちが、限られたハレの日だけ、神として、神の声を聴く者として、聖なる側に位置づけられる。まったくありふれた現象だ。ブースはある根源的な痛みとともに、そのことに気づいたのである。

ブースは、弘前の、ヤクザ者らしきマツオカさんとの、真っすぐなあたたかい交情について、くりかえし語った。それとは逆に、青荷温泉という、山奥のランプの宿には、ある種のいかがわしさを見いださずにはいられなかった。被差別者としてのブースは、この温泉が、詩人にして、ハンセン病者でもあった一人の隠棲者の記憶をまといつかせながら、じつは、そこからは断絶した場所であることを鋭敏にも感じ取ったのである。

ブースの『津軽』は、後半にいたって、ブース自身の魂の遍歴の書のような様相を帯びてくる。たとえば、なぜ、コケシに執着したのか、と問いかけてみればいい。「やさしさ」こそが、コケシ人形の主な特質である、といった物言いにブースは違和を覚えた。それが疑いもなく魂の問題であったからだ。

コケシの由来には諸説があり、さだかには確定しがたい。ブースその人が選んだのは、子を消す、つまり嬰児殺しにまつわる由来譚であった。すなわち、球形の頭部と筒状の体しか持たない、「かわいらしくやさしい顔をしたこの小さな人形たちは、元来、生まれ落ちるとすぐ殺されていった子どもたちの霊を宿した身替りだったのではないか」という。このあとに、日本における子殺しの習俗についての記述が続く。いくらか唐突な印象が拭えない。たとえば、産婆が死期を早めるために、嬰児をボロ切れでぐるぐる巻きにしたから、その両腕は見えなくなっていた、と書いたあとに、ブースは「こけしに四肢がないという事実は、心を騒がさずにはおくまい」と思うのである。

こんな一節があった。ブースは十五年ほど前の夏、養父母を訪ねるためにイギリスに帰ったが、そのときおみやげにコケシを二つ持参したらしい。そのかたわらに、「ぼくは誕生したとき養護施設に預けられ、生後六ヶ月のとき里親に引きとられた」という言葉が見える。さりげなく、ブース自身の出生の秘密が明かされていたのだった。

ブースはまさに、捨て子であり、素朴な労働者階級の里親のもとで育てられたのである。精神的な意味合いでは、子捨ては子殺しにひとしい行為であったかもしれない。詳しくは語られていない。このあたりは叙述が乱れているようにも感じられる。養父母は亡霊が見えるようなタイプの人であったようだが、日本みやげのコケシを気味悪く思い、喜ばなかった。

殺された子どもたちの霊のゆくえに眼を凝らす。そのとき、ブースは、日本のクジラを獲る漁師が射止めた母親の腹を裂いたときに、胎児を見つけると、その魂を鎮めるために慰霊碑を建てたことを思いだす。そうした生まれえなかったクジラの存在の証しが石に託されたように、殺された子どもたちはコケシ人形に姿をとどめているのだ、という。おそらく、ブースはみずからの出生の秘密ゆえに、コケシと子殺しの習俗を重ねあわせにする由来譚に深く縛られていたのである。

6　シジミ売り、そして月に吠える男

ブースが太宰の『津軽』に執着したことは、けっして偶然ではなかった。ブースはこう書いていたが、それはそのままに自身の『津軽』にも当てはまることではなかったか。

太宰の『津軽』を、〝旅行記〟など資料に基づいて整理していく類の文学というより、〝小説〟と感じているひとびとは確かにいる。自伝を資料整理的〝小説〟の亜流と見るなら、即座にうなずけるだろう。しかしいうまでもなく、一人称で書かれた旅行記は一種の自伝である。（「家」）

まさに、四十四年後の『津軽』もまた、「一人称で書かれた旅行記」であり、それゆえに「一種の自伝」にほかならなかった。太宰と同様に、ブースは「ほんとうの主題は自分なのだということを、まったく隠そうとしていない」。あるいは、太宰が家族との関係と、「不意に彼の人生から姿を消してしまった乳母との関係」に大きな関心を寄せていたよう

に、ブースは養父母、ことに母との関係に呪縛されていたように見える。

大人になった太宰は、子供のころ、家の中にいる女たちのいったいだれが実の母親なのだろうかと、混乱を感じていたといっている。その混乱はときに、母についてうそを教えられているのだという確信にまで高まったという。自分はじつは、だれかほかの女の子なのだ——叔母かもしれない、たけということだってある、と思った。……こんな疑いがほんとうにあったとしたら、それによって育まれていた不安は、数ヶ月のうちに叔母も子守もともども奪われてしまった八歳の太宰の中で、何層倍にもふくれあがったにちがいない。叔母は結婚したばかりの娘のところに居を移し、たけも嫁にいってしまったのだ。(同上)

ブースの津軽紀行は、最後にいたって、金木の太宰の生家から乳母のタケのいた小泊へと向かう。しかし、ブースは精神的には極限の緊張のなかに追いこまれており、一晩だけでも、「自分が闖入者のように感じないですむところ」に身を置きたかった。そこで、半日歩いて、木造の、ブースを歓迎してくれる旅館へと向かったのだ。

その旅館で、ブースは津軽とはなんの関わりもない、悲痛なる夢を見たのである。

ぼくはエセックスの暑い道を、母とタクシーに乗って走っていた。タクシーが停まり、ぼくらは降りた。家一軒建っておらず、車の一台も通らず、何もないところだった。ぼくは母を振り返り、彼女の横っつらに張り手をくれ出した。道端に妻と娘が立っていてこちらを見つめている。タクシーの運転手がタバコに火をつけた。ぼくは道の真ん中で母に何度も張り手をくらわせている。母の顔を大粒の涙が伝った。（同上）

そこで目が覚めた。六時ちょっと前、明け方だった。遠くから奇妙な音が聞こえてくる。だれか男がなにか唱えているような声だが、耳を澄ましても何をいっているのか聞きとれない。「……ううん……がいい……むむ……うん……がいい……」としか、わからない。意味は通らないが、美しかった。心を打たれた。旅館の女将から、それは「スズム貝を売る声ですよ」と教えられる。むろん、十三湖名物のシジミであった。ブースの『津軽』はこんな風に閉じられている。

この道は十三湖の岸辺へと続いているのだった。晩にはぼくも、湖の脇を通るだろう。そして、あたりを覆った雨で、湖と水びたしの原との境がわからなくなるまでぼやけた汀を見つめているのだろう。するとあの声が、またしても聞こえてくるかもしれない。そうしたら、歌っていたあの男からシジミ貝を買おう。しかし、あれは貝を売り歩く人の声には聞こえなかった。雨の早朝、木造にいたのは、望んでも手に入らない月を求めて吠えている、ひどく孤独な男だった。（同上）

そのシジミ売りの声は、ブース自身の月に吠える、悲しげな孤独な声でもあった。それはまた、太宰が竜飛岬の旅館で、やはり明け方に聞いた、童女が歌う可憐な手鞠歌の声とも響きあっていたにちがいない。二つの『津軽』は、義兄弟のようによく似た自伝であった。

第6章

思想のない、美しき国へ

——アレックス・カー

1　日本の自然は幻想的で、神さびていた

むろん、アレックス・カー（一九五二〜）という名前は知っていた。顔や姿もすこしだけ見覚えがあった。そして、それ以上の関心はなかった。ところが、アラン・ブースの『津軽』を取りあげたときに、わたしはどこかで、アレックス・カーの『美しき日本の残像』（一九九三）との出会いを予期していたような気がする。やがて、この人と語りあうことになる。この人の、この著作と、どのような出会いを果たすことができるか。ひそかな予感が生まれ、それは外れることはなかった。

この書は、「六歳の時、僕はお城に住みたかった」（「第一章　お城を探す」）という一行とともに始まる。アレックスはそのあとに、たぶん、お城に住みたいという夢をもつ子どもは多いと思いますが……と続けている。すくなくとも、わたしはお城に憧れたことはない。少数派の子ども、男の子だったのだろうか。ともあれ、アレックスは父の転勤によって日本に住むことになった十二歳のとき、いちばん好きになったのは日本建築の家であったらしい。三崎海岸のある日本家屋の大座敷について、「それは神秘的で、美しく、自分が生

まれて来る前の遠い遠い昔に戻ったような感じ」がして、自分の「お城」になった、と書いている。

この少年にとって、住まうことは特別な関心の対象であったし、その後もそれは変わることがなかった。いくつかの知的な彷徨のはてに、偶然の後押しもあって日本に定着することになるが、一九七一年の夏、十九歳のアレックスは日本全国一周の旅に出ている。北海道から九州の指宿《いぶすき》まで、ヒッチハイクで二か月かかった。その間、道すがら出会った人の家に泊めてもらった、という。そういう旅がなんとか可能であった、おそらくは最後の時代ではなかったか。

そのとき、アレックスは「日本の自然を発見した」(同上)という。一九七〇年代のはじめ、地方にも現代化の波はうち寄せていたが、そこにはいまだ「昔のままの姿」が残っていた。舗装された道路はすくなく、山は雑木林に覆われていたのだ。やがて、雑木林は伐採され、そのあとに杉が植林され、生きものの気配が感じられない「砂漠」と化していった。山奥まで道路が造られ、美しい岩肌はコンクリートに覆われてしまった。

アレックスによれば、その当時から「日本学」が世界的なブームとなり、多くの留学生が日本を訪れ、京都の庭園を「日本の自然」だと思っているが、それは「かわいそうなこと」だと批判する。

日本の自然はもっと不思議なもので、幻想的で、まさしく「神」がただよう聖域でした。タヒチにあるような火山性の山と、豊かな「雨林」のために、日本は多分、世界で最も美しい国であったと思います。その自然が、もう過去のものになりつつあります。しかし、僕にとってはその日本の自然の美しさが心に深く残っていて、たとえ八十歳になっても、百歳になっても、山々の美しさは永遠に僕の心から消え去ることはないでしょう。（「第一章　お城を探す」）

この書のなかには、通奏低音のように、こうした「日本の自然」へのオマージュが谺《こだま》しつづけている。しかも、それはいま失われつつあり、残像としてのみ語ることができると認識されているところに、『美しき日本の残像』の漂わせるどこか哀切な表情は由来するにちがいない。「その頃の日本の自然を思い出すと涙が出てきます」（同上）といった一文も見える。それはあきらかに、喪失への痛みと哀惜の情をともなうことにおいて、アレックス・カーその人がロマン主義的な精神の系譜のなかに位置を占めることを示唆している。

ところで、こんな一節もあった。

四国や九州の山々を歩いた人たちにはわかると思うのですが、日本の山は一種のジャングルです。湿っていて、深くて、どこを見ても岩は、草やシダ、苔、木の葉に覆われています。山道を車で走っていた時など、ふと、何億年もの昔に戻ったような錯覚に陥り、次には霧の中からプテロダクティルス（翼竜《よくりゅう》）が飛んで来るのではないかと感じ、何とも言えない不思議な気持ちになりました。（同上）

アレックス自身がはっきりと自覚していたと思われるが、ここに描かれたような「日本の自然」は、四国や九州の照葉樹林帯の自然植生そのものであり、たとえば、東北のブナ林帯の自然植生とは大きく異なっている。アレックスがこよなく愛した四国山地の祖谷《いや》は、まさしく湿って深いジャングルのような、幻想的で神さびた照葉樹の森だったのである。裏返せば、アレックスは東のブナ林という、もうひとつの「日本の自然」は知らなかったのではないか。

2　照葉樹の鬱蒼とした森は南をめざす

それにしても、アレックスの眼差しには独特なものが含まれている。アレックスは茅葺きの民家をリニューアルして、祖谷谷に暮らしたが、そこがある例外の地であることを知っていた。祖谷の自然は特別であり、そこに住む人々も特別であった。昔から、祖谷は世俗的な世界からの「逃げ場」、つまりアジールの地だったともいう（「第一章　お城を探す」）。

たいていの日本の村では、民家は谷や山の麓にあって、その周囲に田んぼがある。山中に家を建てて住むことはない。そこは神々の世界でもあった。しかし、四国の山奥においては、川の近くは険しく暗いために、家は高い山の中腹に建てられた。そこには泉が湧き出しており、人が住むには適していた。そして、岩だらけの斜面地は稲作には不向きで、畑（……焼畑が行なわれていたはずだ）として開かれ、「人々は田んぼを管理する『村』に集中して住む必要」もなく、結果として、それぞれの家は独立して山のうえに点在するようになったのだ、という。

わたしはふと、宮本常一の『山に生きる人びと』に付録として収められた、「山と人間」

という刺激に満ちたエッセイを思いだす。そこに、宮本が高知から大阪まで飛行機で飛んだときの、おそらくはプロペラ機ゆえの低空からの地勢観察を記した一節がある。海岸平野は水田に覆われ、それは平野から谷へと断絶することなく続くが、山中にいたって、谷の奥の両側にある森林のうえには畑が開け、民家があった。そこには水田がなかった。「水田と畑作地帯の間には断絶がある」と、宮本は指摘していた。そこから、平地の稲作農耕民とは系譜をたがえる「山岳民」が存在した可能性が問われるのだが、ここまでにしておく。祖谷という山の村の特異性、または例外性について、宮本がアレックスの思いも寄らぬ視座から光を当てていたことを記憶しておくことにしよう。

ともあれ、アレックスはかろうじて、二十年も前に、消えてゆく間際の「神秘的な陰」を宿した祖谷の風景を目撃することになった。「家の中は洞窟、外に出ると雲の上の天界。峡谷と山脈がはるかに展望される祖谷に来て、家は小さいけれど、ここは僕の夢見ていた『城』があるところだと感じました」（同上）と、アレックスは書いている。それから、何年かして、祖谷の古い民家を手に入れたのである。

ところで、アレックスの抱いていた「日本の自然」のイメージには、やはり照葉樹林の鬱蒼とした神さびた表情が貼り付いている気がする。いや、それはどこかジャングルか密林の趣きがあり、さらに南方の自然景観と重ねあわせにされていたようだ。たとえば、日本は北方系の国であるにもかかわらず、「タヒチの雰囲気のほうが意外と日本に似合っている」(「第十三章　東南アジア」)といった言葉が見える。また、日本人の着物姿は、うえは大袖の絹の着物であるが、もっとも肌に近い下着は女性が腰巻、男性が褌《ふんどし》であった。そこにも、東南アジアの衣服文化の影が見いだされていたのだ。

あるいは、日本の民家は東南アジアの家と似たところがたくさんある、という。ただちに高床や、合掌造りなどが浮かぶが、もっとも面白いのは「Empty Room(空の部屋)精神」(「第二章　祖谷」)なのだと、アレックスは述べている。この「Empty Room」精神とは、タイやミャンマーの伝統的な家などで、仏壇のほかには部屋のなかに何も置かれていないことを指している。それがたしかに、昔の日本家屋にも見られたのである。

ずっとあとになるが、「第十三章　東南アジア」には、こんな一節があった。

東南アジアを旅行していると、日本特有のものだと思っていたものが、実は東南アジアからきていることを次々と発見しました。タイの寺や屋敷の敷地内にはサラアという小さな庵が立っています。サラアには壁がありません。床、四つの柱、屋根だけという簡単な造りで、目的は暇をもてあそぶ場所です。サラアの床の上に座って茶を飲んだり歌ったりして周りの自然をゆっくりと味わうのです。遊ぶ場所でありながら、サラアは日常生活から離れているため、なんとなく「神聖な場所」になっています。

そうした東南アジアの、日常から離れた遊びの場にして、神聖な場所でもあったサラアという庵室に対応するものとして、日本の民家における縁側が見いだされていた。アレックスはいう、「四国の祖谷の家の縁側に座り、谷の下から湧き上がる雲を眺めていると、サラアに座っている気持ちになります。木の柱だけで、壁のない縁側のオープンな空間は昔の東南アジアの名残です」（同上）と。真偽については保留するしかないが、たしかに縁側とはなにか、という問いは魅力的なものだ。ともあれ、まさに、アレックスは東南アジアの旅のなかで、日本文化が失ってしまった前代の姿と再会していたのである。

3　伝統と現代、または東洋の悲劇か

この書に語られていた「日本の自然」にたいするオマージュは、つねに喪失と裏切りのテーマに彩られて、にがい。アレックスはいう、「二十世紀がもたらした急激な文明変動によって、日本人は過去の文化と自然環境については全く盲目になり、茅葺屋根はおろか、木材家屋そのもの、そして日本の木、山、石、海岸を全部ポイッと歴史のゴミ箱に捨てた」（「第二章　祖谷」）と。いや、もっと真っすぐに、「日本は世界の中で『醜い国』の一つになってきている」とか、「日本の田舎は見事に汚れてしまった」（同上）とか、くりかえし断罪されるのである。

だから、そうした現実にもかかわらず、「日本は美しい」、「日本の自然は優れている」といった、学校教育を通じて振りまかれているこの国のイデオロギーにたいして、アレックスはだれよりも痛烈な批判の人とならざるをえない。現実には、すでに「日本の自然」は電線とコンクリートによって埋め尽くされており、山河すら失われていながら、「日本は美しい」という観念《イデオロギー》だけが永遠に生き残っているかに見える。だから、アレックスは怖れおののきながら、日本という国は「大きな恐ろしい機械になってしまって、その機械が狂って日本の国土を鉄の歯で食いちぎろうとしているのに、誰もその機械を止めることができない。そう考えると、ゾッと背中に冷たいものが走ります」（同上）と書かずにはいられなかったのだ。

いわゆる「日本人論」や「日本学」には、たいていアグレッシヴな論調がつきまとう。そのほとんどは、意識的であれ無意識的であれ、「日本または日本人の優越性を訴えるもの」になっている。日本学を専門とする外国人たちは、いつだって「一期一会」とか「幽玄」といった言葉をスローガンのように繰りだし、客観的な議論が生まれることを許さない。日本社会のなかには、「親日家」と「反日家」を分割する見えない基準があって、日本にたいして「一種宗教的な態度で接する」ことを強いてくる。いわば、日本の社会に受け容れられるためには、「改宗」が求められるのである。それは「日本学」ではなく、「日本教」であった。

それにもかかわらず、この「日本教」にはもうひとつの側面がある。アレックスはいう。日本の伝統文化は現代化により大きな変化を遂げてはきたが、それでも、まだ実生活のなかに息づいている。伝統文化の根元はそれほどたやすくは変わらない。外国人にとっては、それが大きな魅力のひとつになっている。「幽玄」とか「間」とか、変容しながらも、その感覚はまだ生きているのだ。それと比べれば、中国の伝統文化などはすでに、完全な過去になっている、という。

ところで、ここまでの議論ならば、わたしはみずからの足元が脅かされているとは思わない。しかし、以下のような一節となると、西洋自身による、西洋中心主義に向けての批判の言説のひとつとして、蒙を啓かれるし、心からの敬意を表さざるをえない。

考えてみれば、今の西洋人の服装、家の造りなどは、ヨーロッパ文化の中から自然に発展してきたので、「現代生活」と「昔の生活」との間に、あまり矛盾を感じません。だからイギリスやフランスの田舎は、昔のまま美しく残ることができ、中世時代の都市は数え切れないほど沢山残っていて、そこに住む人々は古い町並みを大切にしています。

一方、現代の中国人や日本人の服装、家などは東洋の伝統文化とは全く関係のないものです。日本人は京都や奈良の古い町を見て、「美しい」と感嘆はしても、その心の中では、自分たちの現代の生活とは関係がないことを知っています。(「第二章　祖谷」)

これは、日本や中国にかぎったことではなく、「東洋全体の悲劇」だと、アレックスはいう。「アジアではヨーロッパのように昔の文化と自然環境を綺麗に守りながら発展した国は一つもありません」(「第十三章　東南アジア」)という言葉に、わたしは小さく震撼させられる。それを、当たり前ではないか、と言える者は幸せである。伝統と現代という手垢まみれの問いが、アジア／ヨーロッパのあいだで亀裂を生んでいる。かれらにとって、自己の内なる展開であるものが、われらにとっては他者との、異文化との邂逅と、その圧倒的な呪縛に抗いながらの変容と自己疎外とならざるをえない、ということだ。まさしく東洋の悲劇であった。

4　思想のない国の、見えない思想として

アレックス・カーという人は、とても不思議な、青い眼の文人気質の作家である。文人とは何か。いかにも時代錯誤な、古めかしい問いだ。アレックス自身によれば、この東洋に独特の「文人」とは、儒学の「芸術」と道教の「自然」とが一体化したものであり、いわば、自然のなかに遊びつつ芸術を身に付けることによって、「一つの洗練された理想的な人間像」がつくりあげられてきたのである。こうした文人と呼ばれる者たちは、芸術家や学芸員のように職業として芸術にかかわっているわけではないが、その芸術鑑賞の眼差

しは大きな役割を果たしてきた、ともいう。このとき、アレックスはある矜持とともに、みずからを文人と見なしていたにちがいない。

そのアレックスが、「第五章　日本学と中国学」のなかで、伝統芸術は日本のもっとも重要な文化遺産であり、それは精密なまでに洗練されており、世界にも類がない、と述べている。たんに、神社仏閣・絵画・彫刻・陶器・文学などにはとどまらず、抹茶・煎茶・お能・仕舞・武道（剣道や合気道など）・香道・書道・日本舞踊（歌舞伎舞踊や座敷舞など）・生け花（立花、茶花、現代花、盆景など）・楽器（笛、琴、太鼓など）・俳句・連歌・詩吟など、たしかに挙げはじめたらきりがない。しかも、日本では、詩を書いたり、お茶や花などの芸術をたしなむ者は、「西洋では考えられないほど多い」のである。それらはきわめて大衆化しており、まさしく「社会的な芸術」（ローエル）であり、まったくありふれた平凡なものにすぎない。

それはあるいは、「日本の教育システムは平凡な人間をつくるのが目的です」（「第五章　日本学と中国学」）といった言葉と、思いがけず響きあっているのかもしれない。アレックスはいう、アメリカ式の教育が「人生を面白く」と強迫的に要求することは、ひょっとしたら残酷なものかもしれない、と。たいていの特別な才能をもたない人々は、みずからに落胆し、失望しながら、大人になる。ところが、「つまらなさに不満を感じないように教育されて」いる日本人は、むしろ平凡であることにささやかな幸せを見いだす。それでいて、この平凡な人々がたしなむ伝統芸術に見られる「序破急」といった哲学は、「身体で体験して初めてその真意がわかってくるもの」であり、だからこそ、いつまでも異邦の人々には神秘的なものであり続ける。平凡であることと、神秘的であることとが、二律背反で退けあうのではなく、奇妙なかたちで共存しているところに、日本の伝統芸術の面白さがあるといってもいい。

ところで、アレックスは大胆にも、日本は「思想のない国」である、と言ってのける。やはり、「第五章　日本学と中国学」のなかに、こんな一節があった。

日本と中国は大きく違います。中国の場合、孔子、孟子をはじめ、哲学者と文人が高貴な思想を巧みに文章にして後世に残しました。一方、日本文化の歴史の中に哲学者と、はっきりした「思想」を探しても、驚くぐらい見当たらないのです。極端に言えば、日本は思想のない国です。……

日本では文化のエッセンスは言葉として本に書かれていませんが、目に見えないところに日本の「思想」がやはりあったのです。伝統芸術に流れたのです。だから、日本には孟子、孔子、朱熹はいませんでしたが、定家、世阿弥、利休などがいました。彼らは日本の真の哲学者だったと思います。

とても興味深い指摘ではなかったか。たしかに、日本的な文化風土は、孔子や孟子が残したような「高貴な」思想や哲学を言葉のテクストとして産み落とすことはなかった。その意味では、日本は「思想のない国」だったのである。とはいえ、言葉のテクストとして紡がれることはなかったが、日本にも思想や哲学は存在した。それは定家・世阿弥・利休らが創った伝統芸術のなかに、見えない思想として沈められていたのである。そう、アレックスは考えたのだ。青い眼の文人の言葉は鋭い。

5　仏教以前に埋もれた秘密の国を探検せよ

アレックスは書いていた、「今から考えると、七〇年代の後半は時代としては一つのターニング・ポイントだった」（「第七章　天満宮に住む」）と。この言葉はかぎりなく暗示的ではなかったか。それはいわば、喪失の悲哀に彩られた回想であった。ロマン主義はしばしば、過去のどこかに特権的な切断の痕を見いだし、それが重要な転換点《ターニング・ポイント》になったことを悲哀とともに物語りするものだ。民俗学者としてのわたしには、痛いほどにそれがわかる。民俗学という知は、つねに・すでに喪失の悲哀にとり憑かれ、失われた原風景へのロマン主義的な欲望に身を灼かれてきたのだから。地域ごとの時差をはらみながら、明治以降の近代は、数も知れぬ転換点をうしろ向きに「発見」してきた。アレックスが七〇年代後半に「発見」したのは、そうした転換点のひとつであったはずだ。

　ともあれ、アレックスはその頃、京都の西に位置する亀岡の天満宮の境内にあった古い伝統的な日本家屋を改装して、仲間たちといっしょに暮らしていた。かれらはほんのつかの間、かれらが信じる「昔の日本の『夢』の中に」住んでいたのだ。そうした夢を信じることが、かろうじて可能であった、最後の時代だった。家のまわりには田んぼが広がり、城下町の情緒のある家々が並んでいた。いまだ、そこでは「コンクリートとプラスティックが町を覆い尽くしていなかった」のだ。そして、八〇年代に入ってからは、ここもすっかり醜くなり、かれらの夢はどこかに蒸発してしまったのである。

天満宮の、その家のなかには、おもちゃ箱をひっくり返したように、たくさんの神さまや仏さまが寄り集まっていた。ひとつの宗教に束縛されることを潔しとはしなかったのだ。元は土間であったスタジオには、神棚があり、そのなかに菅原道真の像が置かれ、皿にはお札やお守り、数珠、超能力者からもらった魔法のクリスタルなどが山盛りになっていた。台所のうえには古い大黒さんの像が鎮座していたし、その柱には、家主の神社から年ごとにもらうお札が貼ってあった。座敷は仏教の部屋であり、四体のタイのお釈迦さんが客用の椅子を囲んで、そのうしろの壁には巨大なチベットのマンダラが掛けてあった。それらのたくさんの神と仏がたえず、温かい息を吹きかけてくれるような気がした、という。ここでの戦略が、あえて多神教の風土に身をまかせることであったのは、むろん偶然ではあるまい。

それにしても、アレックスの京都嫌いは徹底している。京都という町は「病気」である、という。そして、「京都は京都が嫌い」(「第九章　僕の『関西七番巡り』」)なのであり、それは世界の文化都市のなかで唯一の例かもしれない、とあくまで挑発的だ。それとは対照的に、大阪がもっとも好きな日本の町だ、ともいう。町並みの美しさのためではない、大阪の人間が好きなのだ。大阪の言葉には独特の温かさを感じる。それは「京都に負けない長い歴史の結果によって成熟した人間らしさ」であり、大阪は「健康的な町」なのだ、とアレックスは考える。

ところで、こんな一節はどうだろうか。

古代神道、密教には目に見えない神や霊的なものがあるので、到底俗界の人間に理解できるものではありません。京都の寺に「侘び寂び」などの哲学がいくらあってもそれらはあくまで「芸術」です。一方、奈良の遺跡は「芸術」を超えた「宗教」の世界です。（「第十一章　奈良の奥山」）

思えば、凡庸と神秘との共存こそが、奇怪なミステリーではなかったか。開けすぎた京都の街には、どうしたって神秘の色合いは希薄だ。もっとも神秘的なのは奈良の奥山だ、という。吉野、高野、熊野、室生などが漂わせるロマンは、しかし、いささかむずかしいところがある。そこでは、自然の美は「祖谷のように純粋に心に伝わってくるのではなく、歴史、文学、美術、宗教などが森と谷に相重なって」いて、「肉眼で見ただけでは文化のベールに包まれている山の本当の姿は見えて」こない。このベールは何層にも重なっており、宗教心と詩的観念をもって、そのベールを一枚また一枚と剥がしていっても、「秘密」は残る、という。たとえば、歌舞伎の静御前と狐の話を思い浮かべると、吉野の桜はいっそう華やかに見えるし、山伏の世界を思い浮かべると、吉野山は眼の前で密教マンダラに変貌を遂げる。それこそが奈良の奥山の「神秘」なのだ、とアレックスはいう。

奥山の神秘を解くには大変な知識と磨かれた感性が必要ですから、なかなか理解しきれない部分があって、普通の観光地に比べて「難しい」と思います。そのため奈良の奥山は大阪、京都の大都会の近くでありながら、意外に知られていない「秘密の国」として残っています。その秘密の国を探検しに行くのは僕の大きな楽しみの一つです。(同上)

わたしはふと、岡本太郎の『神秘日本』を思いだす。太郎は一九六〇年代のはじめ、「民族」が帯びる神秘をもとめて、本州の北のはずれ、下北半島の恐山を起点として、出羽三山から熊野、高野山、高雄へと旅を重ねた。その紀行におけるキーワードは、まさしく「神秘」であった。しかしそれは、神秘主義的なお飾りではなかった。島国の同質的な世界のなかで、長いあいだ、純粋に生き抜いてきた民族の「無言の言葉」、または「固有の暗号」、そして「仏教以前の心性にひそむエネルギー」を、太郎は神秘という言葉で指し示そうとしたのだった。誤解されたにちがいない。『神秘日本』がまさに、列島最深部に秘め隠された「秘密の国」への探検紀行だったことに、同時代のだれが気づいたことか。

6　わたしたちの心に昔の美の面影が残る

さて、終楽章が近づいている。こんな一節があった。

そんな時に日本の庭を思い出すと息苦しい気持ちになります。禅寺のまっすぐに引いた砂の線、完璧に丸く刈り込んだつつじ、一枚一枚が巧みに操り曲げられている松の木、茶室の苔の上にちゃんと計算して落とされた落ち葉。木の葉一枚でも自然に任せられないという精神は恐ろしい。そう思うと、自然を大切にしない日本の現代の風潮は今に始まったものではないのかも知れません。自然界を完全にコントロールしようという支配的精神は室町時代からすでにあったようです。庭から緑を追い出して、砂と石と壁によって完全な芸術品を創り上げました。

当時はそうした世界を創るのは、技術的に一つの小さな庭の面積に限られたのですが、今は技術的な限界はありません。自然林を伐採し、そのかわりに植林した杉は整列して「気をつけ」の姿勢をとらされ、海岸や川をコンクリートで固めたり、京都や奈良の町並みを潰してコンクリート・ボックスにして、やっと今になって日本全国を枯山水に仕上げることができるようになりました。(「第十三章　東南アジア」)

日本の庭、とりわけ禅寺の枯山水《かれさんすい》の庭について、この青い眼の文人はどうやら、微妙に、いや、大胆に的を外したのではなかったか。禅の庭ははたして、「自然界を完全にコントロールしようという支配的精神」が産み落とした芸術作品であったのか。たしかに、そこには緑がなく、砂と石と壁だけがあったが、それはしかし、現代のコンクリートで固められた海岸や川とは、およそ似て非なるものであった。コンクリートの枯山水という海辺の風景イメージは、なかなか魅惑的なものであるが、いささか枯山水の思想や哲学にたいして礼を失していたのではなかったか。正直に書いておけば、わたし自身は枯山水の思想をよく知っているわけではない。むしろ、なにひとつ知らない。にもかかわらず、それは違う、という直感めいたものだけはある。

ここで、またしても岡本太郎に登場を願おうか。太郎の『日本の伝統』という著書のなかには、「中世の庭——矛盾の技術」と題された一章があり、わたしは以前から、その庭園論に深い敬意を表してきた。ほんとうに優れた日本文化論である。たとえば、そこには「日本庭園の空間のあつかいかたは絵画的遠近法であって、彫刻的な空間性を持ってはいない」といった美学的な批評もあれば、「天空からの光をうけて地上に浮かんだ湖と月は、実のごとくで虚、虚のごとくであって実である。禅の弁証法的世界観を直截にあらわして、まさに感覚的であると同時に思想的です」といった、独特の思弁的な批評も見いだされる。

自然を絶対視し、そのままの姿であらわそうとするにしても、まず自然をそのシチュエーション（情況）からはなし、おきかえてしまうという、反自然的な抽象作用が前提になります。それをとおして、再構成の手続きに成功した作品だけが、感動を呼びおこすのです。これは芸術の永遠の定義です。（「中世の庭」）

それはたしかに、「反自然的技術」による抽象作用と再構成の所産ではあったが、アレックスがいうような「自然界を完全にコントロールしようという支配的精神」の産物ではなかった。中世に始まった「枯山水の支配精神」が、コンクリートで自然を扼殺《やくさつ》してきた近代の資本の論理へと、すくなくともじかに繋がっているわけではない。

自然と伝統文化の破壊は、まるで「昔の美に対して何らかの恨み」でもあるかのように、凄まじい。ここで、アレックスは奇妙なつぶやきを洩らす。ひとつの文化が死んだときに、はじめてその「文化の総括」ができるようになる、いまはまさに、そうした「集大成」の時代ではないか、と。そんなとき、歌舞伎の女形の集大成のように、玉三郎が突如として登場してくる。昔の美が消えてゆくことは避けられない。それでも、アレックスは幸せだった。「美しい日本の最後の光を見る」(「第十四章　最後の光を見ることができた」)ことができたのだから。そして、「私たちの心にその面影が残る」(文庫版あとがき)と信じることができたのだから。

第7章　生きられた縁側と庭から——エマニュエル・マレス

1　京都とわたしについて語りたい

『縁側から庭へ――フランスからの京都回顧録』（あいり出版）という小さな本との出会いも、ほんの偶然だった。著者のエマニュエル・マレス（一九七八～）は、南フランスのニームという町の出身であり、いまは京都に暮らす日本文化の若手研究者である。『縁側から庭へ』という単著のほかに、庭園論についての編著がある。履歴のなかに、植木職人修行とか、合気道三段とかの書きこみがあって、関心をそそられる。

それにしても、訳者の名前がないことが気に懸かった。「あとがき」を見ると、どうやら著者自身が日本語で執筆したようだ。副題にあるような、「フランスからの京都回顧録」といった本であれば、ふつうは母国語のフランス語で書かれるはずだが、あえて日本語による執筆が選ばれたのである。ネット上での連載をもとに、研究職を得て再来日してから単行本として編みなおしたらしい。

「序　振り返ってみること」には、数日前に南仏の小さな町の実家に帰ってきた、と見える。序文はフランスで書かれたことになる。エマニュエル・マレスは書いている、わたしのなかにある京都は「遠い理想郷」ではなく、「旅先の懐かしい街」でもない、十年間そこに住むことによって、京都は「私の一部」になったのだ、と。

外国人が書いた「日本旅行記」や「日本体験記」などはすでに無数にある。それに、今はテレビやインターネットなどのメディアから、消化しきれないぐらいたくさんの情報が毎日あふれてくるので、私の記憶は歴史的な記録としての価値はまったくないだろう。私がこれから書こうとしているのは「失われた京都」や「誰も知らない京都」というものではない。また、フランスの芸術家や知識人が書くような、才藻奇抜に日本文化を描いたエッセイでもない。さらに言えば、日本に住んでいる外国人の自己啓発、現代的なサクセス・ストーリーでもない。語りたいのは、ただ京都と私の話にすぎない。（「序　振り返ってみること」）

たしかに、幕末・維新よりこの方、数も知れず日本紀行のたぐいは書かれ出版されてきたし、近年、それが邦訳されて、ちょっとした出版ブームにもなっている。そのかたわら、ネット・メディアの世界には、海外からやって来た旅行者たちによる見聞や体験が、無数の呟きやメモのようなものとして氾濫していることもまた、筆者の指摘する通りである。

「日本は、凄いよ」的な、あきらかに作為された流行現象の気持ちのわるさからも、きっと筆者は距離を置きたがっている。それに便乗する意志はかけらも感じられない。その真摯さを疑うことはできない。

とはいえ、若い研究者のあくまで私的な体験や記憶が、書き残すべき「歴史的な記録」としての価値を持つかといえば、それは大いに懐疑せざるをえない。だから、ここでは、ただ「京都と私の話」について語りたいのだ、と筆者は静かにいう。執筆の起点におかれた認識として、あるいは、まだ見ぬ読者に向けてのメッセージとして、とても素直なものである。同時に、ひそかな矜持も感じさせる。たとえば、これは「才藻奇抜に日本文化を描いたエッセイ」そのものである、ロラン・バルトの『表徴の帝国』などがけっして届かない世界であるというように。

2　どちらが内で、どちらが外なのか

エマニュエル・マレスはいま、京都に住んでいる、まさに「本物の外国人」として。そ

れでも、京都は彼にとって、南仏のニームに次いで長く暮らし、熟知している土地である。だから、フランスからはるかに遠い、この土地が「いつの間にか自分の居場所になり、自分は外国人であるということを忘れる時もある」。京都は「外国という外ではなくて、内なのだ」という意識も芽生えている。しかし、どうしたって外国人という立場から逃げられるわけではない。それは「私の顔にはっきりと書いてある」ことだ。そうして、いつまでもよそ者扱いをされるのはつらいことだし、傷つきもする。

じつは、ぜんぜん違う反応もある。私のことを少し知っている人に「日本人より、日本人らしい」と言われたりすることだ。これはほめ言葉ではあっても、やはり少し違和感がある。まず、日本人らしさとは何か。それはなかなか難しい問題である。日本の伝統建築と庭園を研究して、合気道をして、着物を着ていることが日本人らしいと解釈されているのだろうか。逆に、それこそが古き良き日本に憧れている外国人らしい態度なのではないか。もしかしたら、日本人よりも日本人らしくしたい自分がいるのかもしれない。私の中にはまぎれもなくフランス人である自分と、日本人になりきれない自分がいるようだ。(「第一章　内と外」)

この若者はどこまでも生真面目で、真っすぐなのである。表紙の袖にも、どこか庭の木立を背景にして、着物を凛々しく着こなす著者の近影を見いだすことができる。「日本人より、日本人らしい」といった科白は、たしかに微妙な感触をまといつかせているが、それはたぶん、たんなる外見に関してではなく、著者の心のありようや立ち姿を前にしての、ある敬意をこめた評価ではなかったか。それは疑いもなく、「古き良き日本に憧れている外国人らしい態度」ではあるだろうが、だれも揶揄する気にはなれないにちがいない。

思いきって、比喩的に言ってみれば、歌舞伎の女形がほんものの女性以上に女性らしいと感じさせるようなものだ。女形と呼ばれる歌舞伎役者ほどに、女性を敬愛とともに深く観察し、女性の美しさとはなにかを知り尽くし、それをみごとに演じてみせる美しい存在はいない。日本人らしさとはなにか、という問いを、けなげなまでに実践的に追求している著者にたいして、感嘆の声が上がるとしたら、それはそのような著者を前にして、われわれ自身がすでに「古き良き日本」から追放された日本人であることを、ある痛みとともに自覚させられるからかもしれない、と思う。

「第一章　内と外」には、外国人とはだれか、という問いに真っすぐ対峙しながら書かれた一節がある。ここでの外国人とは、たとえば、みずからを自明に日本人であると感じている人々が、外からの訪れ人を名指すための他称としての外国人ではない。母なる国を離脱して、異邦の領土《テリトリー》に身を置き、みずから外国人になることだ。自称としての外国人を持続的に生きることでもある。マレスは書いている。

外国人になるとは、未知の世界に一歩を踏み出すことである。覚悟が必要だ。魅力的なことでありながら、ちょっと恐怖もある。足下の地盤がすぐにでも崩れそうな、不安定な世界。すべてが揺れてくる世界。私は生まれ育った国から離れ、家族や友達から離れ、母国語から離れることで、仮面を脱ぐことになった。外国人として他者と出会うことで、子どものころからつくっていた壁がこわれて、見知らぬ自分と向き合わざるをえなくなった。

わたしがかつてテーマにしていた異人論に引き寄せて言ってみれば、外国人とは境を越えてゆく者である。あきらかな国家や共同体には帰属することなく、それゆえに、いつだって輪郭の曖昧ないかがわしい存在として忌避され、ときにはスケープゴートとして生け贄の祭りの庭に招《お》ぎ寄せられる。それはときに、外なる世界から、いまだ知られることなき情報や知やモノを持ち来たらすことによって、マレビトとして歓待されることもある。

そうした異人の境涯へと身を投じるとき、たえざる揺らぎと住まうべき場所の不在を生存の条件として受け入れることを強いられる。母なる国を離れることにたいして、「仮面を脱ぐ」という表現をあたえていることは、なにかしら悲愴な覚悟すら感じさせずにはいない。外国人になって他者と交わるなかに、「見知らぬ自分」が浮上してくる。

京都に住むことによって、私は大きく変わった。フランスから遠く離れたところから自分を見つめなおすことができた。言い換えれば、これは内と外の逆転であった。固定された世界のイメージ、自分のイメージが一新された。基準だと思っていたものが絶対的ではないということがわかった。現実がまるで今までとは違うように目に映っている。

しかし、帰国したら今度は、生まれ育った国でも私は「外国人」になったということに気がついた。何をしても、私の反応はズレているし、言葉も自然に出てこない。自分はどこに行っても外国人になったと思ったら、少し不安になる。私の居場所はどこなのか、私は根なし草になったのか…。フランスと日本、どちらが内で、どちらが外なのか。

京都へと旅をする、のではない。京都に住む、のである。その結果として、「内と外の逆転」が起こり、内＝フランスでは絶対的であったはずの基準が、外＝日本において当たり前とされる基準によって揺さぶられ、侵犯を受ける。その揺らぎのなかで、母なる国に帰ったとき、みずからがそこでも外国人になっているという未知なる現実を突きつけられる。もはや、フランスと日本のどちらが外国なのか、内なのか、外なのかがわからない。そもそも母なる国とはなにか、外国とはなにか。いっさいの自明性が剝ぎ取られてしまう。わたしは何者に成り果てたのか。それはいったい、「アイデンティティの喪失、人格の崩壊」なのか。

そして、この第一章の終わりにいたって、つかの間の判断停止のように、こんな呟きの言葉が書きつけられてあった。

視点を変えることによって、ありとあらゆる物事との関係がひっくり返された。どちらが表で、どちらが裏なのか。どちらが内で、どちらが外なのか。もはや境界線を引くことも不可能だ。曖昧のままでいいような気がしてきた。

これが筆者のとりあえずの出発点に置かれた、たとえば浮遊する覚悟とでも称すべきものであったか。どちらが表とも裏とも、内とも外とも知れず、境界すら曖昧模糊とした状態に、あくまで無防備に身をさらすことこそが、まったく新しい風景を獲得するための前提条件となりうるのかもしれない。境を越えてハイブリッドに架橋する存在であり続けることだ。それこそが、異人がときに手に入れる特権的な眼差しの場所であるといっていい。

3　生きられた空間としての縁側

マレスは東京の大学で縁側を研究テーマに選んだ。はじめに、縁という言葉に出会ったが、その意味がよくわからなかった。あるテクストに、縁という概念を理解するためには、縁側をイメージすればいいと書いてあった。それが、家の内と外とを繋ぐ空間である縁側との出会いになった。しかし、東京で学ぶことができた縁側は、抽象的な概念でしかなかった。そこで、実際に暮らしのなかで縁側を体験してみたいと思い、それが京都に留学することへと展開していったのだ。

マレスの願いは、いわゆる京町家に住んで、縁側を体験することだった。それが具体的には、「朝、障子を開けて空を仰ぎながら歯磨きをしたり、お風呂上りに縁側で爪を切ったり、または縁側で日向ぼっこをしたり、お茶を飲んだり、スイカを食べたり、本を読んだりすること」(「第二章　縁の話」)だと知るとき、微笑ましくもあり、奇妙な感慨にも見舞われる。マレスは日本に住みはじめたころ、写真を撮らないことを流儀にしていたらしい。対象がなんであれ、まず五感でじかに触れて受け入れることを望んだのである。縁側についても、身体感覚を全開にして体験しようとしたのだ。ところが、京都でも縁側のある家は一般的なものではなく、たやすく学生の手に入るものでもなかった。したがって、マレスがそれから体験することになった縁側はたいてい、寺院とか文化財クラスの民家のものだった。

博士課程へ進んで、日本建築史についての知見が増してゆくにつれて、縁側はいつしか、「内でも外でもない曖昧な空間」「多目的な空間」「緩衝的な空間」などといった、概念まみれになってしまった。しかし、言うまでもなく、縁側は概念である以前に、生活の舞台であり、生きられた空間である。マレスはだから、図面上に凝固したものではなく、生きられた空間としての縁側を研究することを目指したのである。それは三年の歳月をかけて、「縁側の近代化――夏目漱石の文学を通して」という博士論文にまとめられた。

その輪郭程度が、「第三章　天下の至楽――夏目漱石の縁側」に示されている。『吾輩は猫である』という有名な小説には、縁側で昼寝をしている猫が、室内にいる人間たちを観察している場面がくりかえし見いだされる。その「例の縁側」から『吾輩は猫である』を読みかえす試みといっていい。マレスはじつは、その作品の舞台となった家が愛知県犬山市の野外博物館・明治村に移築されていると知って、実際に訪ねたらしい。結果は散々なものだった。すでに生活から切り離された家からは、生きられた縁側を体験することはできなかったのだ。

そこで、わたしは早速ネットを検索して、この漱石の家の縁側の写真を拾ってみる。やはり、この縁側はなかなか趣きがあって、いい。そのスケール感に驚きを新たにさせられる。書斎の前の縁側はとても控えめなもので、農家の広い縁側や、寺院の磨き抜かれた立派な縁側と比べると、あっけないほどに小さい。東京の郊外に暮らしていたわたし自身が子どものころに見かけた縁側は、まさにこれだ。これならば、猫が寝そべっていても、違和感はない。子どもらはここに並んで、スイカを頬張り、狭い庭に種を撒き散らしたし、風呂上がりに涼んだのもこの縁側だった。縁の下という空間にも、なにか独特の雰囲気があったことを思いだす。そこは猫が身を潜める暗がりの空間であったか。

ともあれ、やがてマレスは、漱石の小説作品のなかで、もっとも縁側が重要な役割を果たしているのは『門』であることに気づかされる。だが、マレスが求めたのは、文学的な空間としてではなく、あくまで生きられた空間としての縁側の分析だった。とても繊細な読みが、そうした方位に向けてなされている。

4　縁側のようなモノとして

マレスははじめに、『門』に登場する宗助夫婦にとって、縁側はどのような場所だったのかと問いかける。それは、たとえば「外という開放感を与える空間」であったか、「外という未知の世界につながる恐怖感を与える空間」であったか、あるいは逆に、「殻のような安心とやすらぎを与える、内の空間」であったか。縁側とは概念的には、たしかに「内でも外でもない、曖昧な空間」であるが、それはいわば構造論的な縁側であって、マレスが探究の対象としている生きられた空間としての縁側ではない。そもそも、季節の推移や一日の時間帯によって、また、その場に関わる人によって、縁側にまつわりつく意味や役割はさまざまに変化する。マレスはその変化を探ることにテーマを絞りこんでゆくのである。

以下の一節など、なかなか興味深いものだ。漱石の作品を通して、「縁側の近代化」について考察するという、いかにも「地味でマニアックな研究」ではあったが、ロラン・バルトやオギュスタン・ベルクなどとは異なった意味合いで、魅力的ではなかったか。

社会的禁忌を破って結婚をした宗助夫婦は世間との縁を切り、東京の「山の手の奥」に住むようになった。御米は自分が犯した罪を強く意識しているせいか、ずっと「奥」に身を潜め、表には一切出てこない。御米にとって、光に満ちた縁側に出るというのは、自分の罪を白日のもとにさらすことであり、耐えられないことなのだ。だから、陽が落ちて誰にも見られないほど暗くなってはじめて、御米は縁側に出ることができる。この条件が満たされない限り、彼女はガラス障子から外へ一歩も踏み出せない。つまり、御米にとって昼間の縁側は外であるのに対して、夜の縁側は内ということになる。（「第三章　天下の至楽」）

とても優れたこまやかな解読である。「内でも外でもない、曖昧な空間」といった、構造論的な縁側への眼差しが届かないところに、読解の錘鉛が下ろされてゆく。この夫婦はタブーを侵して結婚したという罪悪感に縛られている。世間という陽の当たる場所に顔をさらして生きることは許されないと感じており、だから、その棲み処は周到に、山の手の奥まったあたりに選ばれねばならない。妻はその「奥」に身をひそめて、暗くなるまでは縁側に出ることすらしない。まさに、日陰の女をみずから演じている、と言ってもいい。外としての昼の縁側／内としての夜の縁側、という、どこか倒錯的な対比が鮮やかである。たんに「内でも外でもない、曖昧な空間」であるばかりでなく、縁側は一日の時の移ろいとともに、象徴的な意味合いを劇的に変えてゆく。しかも、それは妻にとっての縁側であり、夫はまた、いくらか異なった相貌をもつ縁側を体験しているらしい。そこに、マレスは関心を抱いたのである。

いずれにせよ、宗助にとっても、御米にとっても、縁側は社会とつながる開放的な場所ではない。春と秋に宗助は一人で縁側に座る。夏の夜に二人きりで縁側に並ぶ。現在、縁側は失われた社交の場だとよく言われるが、漱石の作品を読む限り、縁側は一人かせいぜい二人で味わうような、親密な空間だったということがわかる。要するに、『門』にみられる近代的な縁側は、外という公的で社会的な性質よりも、内という私的で親密な性質が強かったと言える。

（同上）

春と秋の陽盛りには夫が一人で、夏の闇にまぎれながら夫婦で縁側に座っている。あきらかに、夫と妻とでは縁側は異なった顔を見せている。それでいて、おそらく近所付き合いを避けている夫婦にとっては、縁側は他者が茶飲み話にやって来る社交の場ではなく、人目を忍びながら、自分たちだけで過ごす親密な私的空間なのである。『門』に描かれている近代的な縁側は、すでに外に向けてやわらかく開かれた私／公を繋ぐ媒介的な空間としての意味合いを失いつつあった、そう、マレスは指摘している。世間に背を向けて暮らしている夫婦という特殊な条件からすれば、それをただちに一般化していいのか、留保は必要であるかもしれない。

さて、マレスはまた、奈良日仏会館での講演のなかで、『門』の縁側にいくらか異なる光を当てている（「フランス人の見た日本の庭：縁側から庭へ」http://www.afjn.jp）。宗助の借りている家には、じつは縁側が二つあったのだ。ひとつは崖に近くて陽当たりがわるく、もうひとつは外の通りの側にあって南向きである、という。いわば、縁側それ自体がみずから抱えこんでいる両義性を投影するかのように、表／裏に、また公／私に分割されて、外の通りに面して／崖に近く、二つ設けられていたのである。夫はどちらの縁側でも寛いでいるが、妻が姿を見せるのは崖に近い縁側であり、夏の夜、夫といっしょの時だけだ、という。とても繊細な読みである。

ところで、こうして「第三章　天下の至楽」を読みかえしながら、この縁側をめぐる考察そのものが自己省察のプロセスとなっていることに、関心をそそられている。縁側はきっと、偶然に選ばれたテーマではない。あるいは、たんに、いかにも日本的なるものとして、日本文化を象徴する小道具のようなものとして選ばれているわけでもない。それ以上のなにかであるべき、避けがたい必然が沈められていたのではなかったか。挟みこまれたコラム「縁側小史」のなかに、こんな一節があった。その前段には、縁側はもはや「古き良き時代の象徴」へと変わった、と見えていた。もはや、生きられた縁側と出会うことはむずかしい。

しかし現在、縁側は空間よりも記号として取り上げられるようだ。日本の文化論において縁側は内でも外でもない、日本語と日本文化独特の曖昧さの象徴となり、概念化されている。ただ厳密に言えば、もう少し複雑である。縁側は視覚的に内と外を遮断しないので連続しているように見えるが、構造的には内という裸足の空間と外という土足の空間をはっきりと分けるものだ。境界線があるようでない。逆に境界線がないようでじつはある。空間論ではそれを「緩衝的空間」、あるいは「過程的空間」ともいう。

だから、それは生きられた空間から、たんなる記号へと転落する。そこに、縁側の近代化というできごとがひっそりと埋もれている。マレスその人によって縁側が発見されたとき、それはなかば以上、過去時制においてしか語りえぬものであった。それをよく承知しながら、なお生きられた縁側とのひそかな邂逅を手探りしようとする。だから、日本文化論においては、縁側が「日本語と日本文化独特の曖昧さの象徴」と化して、概念化され、使い回されるようになっている状況にたいして、マレスは異議申し立てをおこなうのである。

それにしても、縁側には、すくなくともその論じられ方のなかには、エマニュエル・マレスその人のセルフ・イメージへの欲望が投影されているように感じられてならない。そもそも内／外を分かち、繋げる役割は、マレスその人のものであり、また縁側のものである。縁側においては、視覚的な連続性／構造的な非連続性とが重なりあい、境界はあるようでなく、逆に、ないようである、という曖昧模糊とした状態が生まれている。マレスその人にあっては、視覚的な非連続性／構造的な連続性との重なりあいと読み換えてやればいい。日本人であることの内／外を分かつ、曖昧模糊とした境界領域を棲み処とするとき、縁側がそうであったように、マレスはある種の緩衝的な、また過渡的な存在として固有の立場を抱えこむことになる。これはそのままに、マレスその人が縁側のようなモノとして、自己を発見しなおすプロセスであったと言えるかもしれない。

5　文化／自然の対立を超えて、第三の道へ

マレスの関心は縁側から庭へと移ってゆく。庭もまた、縁側と同様に、異邦からの訪れ人たちが大いなる愛着を示す日本的なるもの、その、すくなくとも代表的なひとつである。しかし、ここでもこの若い研究者の日本文化への入射角は、まったく独特なものであった。たんなる鑑賞者に留まることを潔しとはせずに、可能なかぎり、実践的に内側からのアプ

ローチの道を探りもとめようとする。そこに思いがけず、国境を往還するハイブリッドな眼差しが生きてくる場面がある。

二人の師との出会いがあった。その一人が、京都の大学で美術を教える岩村伸一氏である。この岩村先生からは、「人間の作業によって空間がどのように変わるのか」を、身体をもって実感することを教えられた。作庭実習をめぐって、つれづれに語られた個所がおもしろい。たとえば、実習で履く地下足袋についての記述など、なんとも魅力的で、これは実際に履いてみなければ、と思わせられたほどだ。

それをはくと、外、さらに言えば自然との関係が変わる。靴の場合は足底が固定されるので歩くのが楽だが、地面はほとんど感じられない。地下足袋の場合は、バランスをコントロールするためにかかとからつまさきまで、足の裏のすべての筋肉を使わなければならない。靴を通してではなく、裸足で地面に触れているかのように、自然とつながっている感じがする。（「第四章　庭との出逢い」）

たしかに、靴を履いた足裏には、地面の感触など伝わってくることはない。靴の役割とはたぶん、見えない危険を孕んでいる外界の自然にたいする緩衝剤となることなのだろう。それにたいして、わたし自身が一度も履いたことがない地下足袋については、「裸足で地面に触れているかのように、自然とつながっている感じがする」と、なんとも絶妙な表現がなされている。マレスはくりかえすが、実践に根差した知の信奉者なのである。野良で働く人《フィールドワーカー》と言ってもいい。

それはしかも、けっして技術論に足をすくわれることがない。つまり、作庭実習によって剪定の技術を身につけるわけではないし、手技の神秘をことさらに言い立てるわけでもない。それよりも、庭が抱いている自然について思索を巡らすのだ。それまで、頭のなかには、庭とは人工なのか、自然なのか、という素朴すぎる二分法しかなかったことに気づかされる。無意識のうちに、「文化と自然が対立するような単純な世界観」で、世界を眺めてきたのである。まさにそれが、西洋的な世界認識の基層に横たわるものだ。マレスを深いところで支える知の岩盤は、当然とはいえ、大きくは西洋に帰属している。そうして、作庭の仕事をしているとき、文化／自然をめぐる対立を超えた「第三の道」があるかもしれない、という気づきに遭遇するのである。

たとえば、こんな一節があった。

庭は土・水・石・木・草などのような自然の素材で構成されている一方で、人間によってつくられ、人間によって手入れされているので、自然そのままではない。しかし、岩村先生は「庭をつくる」のではなく、「森をつくる」という逆説的な表現を使っていた。人間は森をつくることができないはずだ。先生が求めていたのは、人工でありながら自然を活かすような庭だったのだろうけれども、そのバランスが非常に難しい。どこまで手を加え、どこまで本来の姿を活かせばいいのか。それはとても感覚的なことで、人それぞれの解釈があるのだろう。(同上)

たいせつな認識論的転回が果たされようとしている。そんな予感が生まれる。「第三の道」が見えてくる。庭作りのプロセスのなかでは、そこにある自然を活かしながら、人手を加えて人工の造形物である庭を作る方法がさまざまに模索されてきた。マレスが指摘するように、そこでは「どこまで手を加え、どこまで本来の姿を活かせばいいのか」というテーマが、焦点となるはずだが、その手加減はどこまでも感覚的なものである。

それにしても、人は森を作ることはできないのか。民俗学者であるわたしは、ここでも柳田国男が「風景を栽える」と言い、宮本常一が「風景を作る」と述べたことを思いださざるをえない。日本文化のなかではむしろ、「庭をつくる」ことは当然として、「森をつくる」こともまた、庭作りの延長上にありふれた文化の技術として受け継がれてきたのではなかったか。たとえば、宮本はこんなことを語っていた。すなわち、「日本人は自然を愛し、自然を大事にしたというけれど、それは日本でも上流社会に属する一部の、自然に対して責任を持たぬ人たちの甘えではなかったかと思う。自然の中に生きた者は自然と格闘しつつ第二次自然を作りあげていった」(『宮本常一著作集43　自然と日本人』)と。その作られた風景のなかに、森や山が含まれていたのである。

宮本はその一例として、武蔵野を取りあげたうえで、それが「ただ単なる自然ではなく、人の手によって出現した自然である」こと、また、「武蔵野の風景は、実は民衆が作り出した風景だった」ことをあきらかに指摘していたのである(同上)。国木田独歩が明治三十年代に、「武蔵野」という作品のなかで、発見の歓びとともに武蔵野の風景として描いた雑木林などは、まさしく「民衆が作り出した風景」のひとつだった。あるいは、首都の内側に鬱蒼とした原始林のように広がっている明治神宮の森が、練りあげられた造園思想にもとづき、まさしく百年の歳月をかけて零から作られた森であったことも、忘れるわけにはいかない。この国では森もまた、人の手で作られてきたのである。文化／自然の対立を超えるための「第三の道」は、すでに、そこに豊かな文化の技術として存在したのではなかったか。

それから、マレスは原風景という視座から、フランス／日本のあいだの風景論の裂けめに眼差しを向けてゆく。原風景とは「心の中の自然、懐かしい風景」を指している。たとえば、岩村先生にとっては、生まれ育った四国の田んぼ、竹林、そして山へと連なる風景、いわゆる里山の景観こそが原風景であろうか。しかし、マレスにとって、それは異国情緒に浸された風景にすぎない。それでは、彼にとっての原風景とはなにか。それは南仏のガリーグという森だ、とマレスは考える。白い石灰岩と、水が乏しいためにあまり高くはならない濃緑のカシや松。タイムやラベンダーなどの香ばしい花々。まぶしい太陽（……アルベール・カミュの小説にしばしば描かれているような）。ひと昔前まで見られた、羊やヤギの牧場、葡萄やオリーブの畠。石垣や石積みの小屋はその名残だ、という。

結局、先生にとっての自然な自然（日本の里山）と私にとっての自然な自然（南仏の森、ガリーグ）はやはり違うものだった。しかし、形は異なっていても、これらはともに自然と人間の営みの中で生まれたもの、いわゆる庭である。こうして、私は庭と出逢い、庭という自然と文化が出会う場所について考えはじめた。

二つの自然を抱いた懐かしい原風景の裂けめに眼を凝らしながら、あらためて庭と呼ばれる「自然と文化が出会う場所」についての思索が深められてゆく。そう言えば、この章の前のほうに、「南仏、ニームにある実家の庭」と題された一枚の写真が挿入されてあった。そこに、「子どものころからそこで鬼ごっこや隠れん坊をしたり、またはサッカーをしたりして遊んだ。はじめて手入れを経験したのもこの庭の中である」と、キャプションが附されている。

ただし、この南仏の庭が、日本文化のなかの庭とどのように似ていて、どのように異なった場所であるかは、問われるべき問題である。「『にわ』と『ガーデン』」というコラムのなかにいくらか論じられている。

6　はるかな未知の世界に近づくために

二人目の師との交流もまた、なかなか興味深いものである。岩村先生の師匠であった、古川三盛《みつもり》さんという庭師である。「第五章　地獄へ」に、その師匠のもとでの学びの一端が示されている。

アルバイトとして働くことになった初日の体験が語られている。大阪の街なかの古い寺に連れていかれた。職人に教えられて、一本の背が低い松の手入れをした。日本の松と南仏の松とでは、まったく違うのだという。種類も異なるが、なにより手入れのあり方が隔絶している。日本では、松は細かく葉っぱを落として枝を透かすなど、丹念に手入れをする庭木のひとつである。それにたいして、南仏では松は自然のままに高く伸ばして、木漏れ日を楽しむものらしい。マレスには、どうしても仕上がりのイメージが想像できず、難儀したようだ。手入れのあとには、掃除をおこなったが、ここでも役立たずだと感じたのだ。

私には何も見えていなかった。松の手入れの時は、枝の細かい構造が見えなくてなかなか手が出せなかった。掃除の時は逆に、細かいところに気をとられて全体を見失ってしまった。古川さんや職人さんたちには何が見えているのだろうか。同じものを見ているはずなのに、なぜこんなに違うのだろうか。その認識の違いは、外国語を学ぶ時に経験する驚きに似ているかもしれない。当然のことだが、同じことを言うのに、それぞれの言語によってまったく違う表現がある。だから同じものを見ても、その人の文化、経験、知識、感性、要するに個人の差によって、そこから見出すものはまったく違ってくる。いずれにせよ、私は古川さんと一緒に庭に入ってはじめて、本当の外国を経験したのだと思う。（「第五章　地獄へ」）

こうして、すぐれた庭師の師匠とともに庭に入ることによって、「本当の外国を経験した」と、マレスは感じたのである。この若い研究者のフィールドにおける立ち姿には、なにか心を揺さぶられる真摯さがある。しかし、けっして情緒的に振る舞っているわけではない。その内省はやはり、西洋的なロゴスにきちんと裏打ちされている。

このような、はるか彼方の未知の世界に少しでも近づきたくて、博士課程の間はずっと古川さんのところでアルバイトを続けた。そういう経験を積み重ねているうちに、庭仕事の基礎も覚えたが、何よりも見ることを学んだように思う。それはもちろん、庭だけではなく日常のすべてに通じることだ。今では、古川さんたちに見えていたものが少し見えるようになってきた気もするけれども、日本庭園、日本建築、さらに言えば日本文化を研究すればするほど、私にいいいいいいいいいいいいいいいいいいいいいい見えているのは大きな森の入り口に立つ一本の松の木にすぎないと痛感する。（同上）

ここに書き留められている、たとえば「はるか彼方の未知の世界に少しでも近づきたくて」とか、「私に見えているのは大きな森の入り口に立つ一本の松の木にすぎない」といった呟きは、あくまで素直に洩らされた感慨にすぎない。日本的なるものをいたずらに神秘化しているわけではない。庭仕事のなかで「見ることを学んだ」という言葉もまた、身体を仲立ちとする知の成熟を示唆しているだけのことだ。この人の、いわば実践的に知を深めてゆくフィールドワークの人としての態度は、十分に信頼に値するものだと感じている。

「庭の掃除」というコラムには、庭師の古川さんのもとでアルバイトをしていたとき、自分にあてがわれた仕事が主に掃除だったことが語られている。わたしはこの一節がとても好きだ。それ以前には、マレスはふつうの観光客として京の庭を縁側から眺めていたが、掃除をしていると、庭はいつしか鑑賞の対象から、作業をする場所に変わった、という。草のなかにしゃがんで細々と掃除をする人に、その目線に変わったのだ。マレスはそれを、「外から一歩踏み込んで内に入った」と表現している。

掃除を体験したことによって、私の庭の見方は大きく変わった。基本的には高いところから低いところへとゴミを集めるので、手箒で地面を掃いていると庭の全体の構造とその地形、微妙な高低差までわかってくる。また、普段なら絶対見えない石の裏も覗くことができる。石を据えた人がどの部分を見せ、どの部分を隠すことにしたのか。大変な時もあったけれども、こうして舞台の裏を垣間みることができた。

そうして、庭仕事を経験することによって、「京の庭はいつも丁寧に手入れされ、綺麗に掃除されている」ことを知るのである。庭という風景は、人の手で作られ、たえず掃除されながら保全されている。当たり前にすぎる事実かもしれないが、そのことに、こうして草むらに這いつくばって手箒で掃除をするという、ささやかな実践を重ねるなかで気づいたのだ。かけがえのない大切な経験知であった。

この人の態度は変わらずに、一貫している。着物を着ることについて、それが頭で考える以上に、「日本文化を体験し、身近なものにするための大切な手段だった」（「第六章 和洋折衷」）と見える。マレスはまた、日本建築や庭園を体験するとき、洋服であるか、和服であるかでは、まったく異なった体験になる、という。そして、庭の飛び石について、それが「着物の歩幅を想定して打たれている」ことに気づくのである。

かつて、縁側や庭が生きられた空間であったときには、それは自明なことでしかなかった。だから、言語化されることもなく捨て置かれてきたことは多い。もはや、それらはみな、「はるか彼方の未知の世界」へと遠ざかってしまった。そのことを何度でも再確認しながら、ときには靴から地下足袋に履き替えて、未知の世界に向けて怖ず怖ずと一歩を踏みだしてみることが必要なのかもしれない。

あとがき

書名が『日本という不思議の国へ』と決まったのは、ずいぶんと遅い。ほんのひと月ほど前のことだ。この三月の末から四月のはじめにかけて、すこし落ち着いて原稿を執筆する時間があった。そこで、一気にあたらしい原稿を書き下ろした。「エロティックな彫像のように」と「生きられた縁側と庭から」の二章である。そうして全七章の収録原稿が揃ったとき、本のタイトルもまた、自然と決まっていた。誤解されるかもしれない、と思わないではない。

何年か前に、大学の講義で「異邦人の見た日本」といったテーマを選んだ。渡辺京二さんの『逝きし世の面影』をテクストにして、例によって、手探りに講義を重ねていった。予期せぬ応答が、通年講義のおわりに待ち受けていた。最前列に座り、ついに一度もノートを取らなかった一人の聴講生が、突然挙手をして、「なにを言いたいのか、わからない。

はっきり言ってほしい」と、あきらかに苛立ちを含んだ、教室中に響くような大きな声をあげたのだった。むろん、教室は一瞬にして凍りついた。どのように応えたのか、よく覚えていない。そもそも、わたしは大学の講義のなかに、明確なメッセージといったものを紛れ込ませることには、いくらか抑制的である。結論など、ない。考える素材を幾通りも用意して、揺さぶりをかけることはするが、あとは頭をやわらかくして、自分で考えてほしい、といったあたりで寸止めにしている。

この講義では、「日本は凄いよ」的な気持ちのわるい煽りにたいしては、距離を取りたいと、あらかじめ伝えておいたつもりだ。たとえば、『逝きし世の面影』はあくまで「古き日本の死」について語っていたのであり、いまの日本を賛美しているわけでは、まったくない。かつて存在したかもしれない有機的な個性を持った文明のうしろ姿を、異邦人たちの証言を手がかりに浮き彫りにすることを通して、われわれ自身の生きているいま・ここを照射し、再考すること、それがメッセージといえばメッセージである。たしかに、「素朴で絵のように美しい国」など、異邦人が勝手に抱いた幻想でしかないだろう。しかし、幕末・維新の頃の日本人が、幸福そうで、陽気で、よく笑う人々であったこと、乞食や物乞いがいなかったこと（……とてもすくなかったこと）、田んぼや畑には雑草が生えていなかったこと、下層の人々でも礼儀作法をわきまえていたこと……などを、すべて虚妄と断じて済ます気には、すくなくともわたしにはなれない。そこには、思いがけず、格差がすくなく、見えない相互扶助のシステムによって支えられた地域社会が存在したのではなかったか。だとすれば、わたしたちはそうした成熟した社会のあり方を、その失われた古き日本をモデルとして構想しなおすことができるのではないか。

わたしはふと、前衛芸術家であったはずの岡本太郎が、『日本の伝統』『日本再発見』『神秘日本』などと、立て続けに「日本」を冠した著作を刊行していた頃には、それらはどのように受け取られたのか、と思う。そうした書名そのものが、日本という泥にまみれよ、それなしには世界と出会うことはできない、という太郎の真っすぐなメッセージであったはずだ。それはいったい、届いたのか、届いたとしたら、だれに届いたのか。太郎の日本紀行三部作は、いまようやく再発見されようとしているが、それはすでに忘却の淵に沈められようとしているのかもしれない。そんな予感が拭えずに、ある。

この本の元になる原稿は、『なごみ』（淡交社）という雑誌に、二〇一五年一月号から一年間にわたって連載されたものである。「異邦の眼、日本への旅」と題されていたが、その掲載誌が「茶のあるくらし」をテーマに掲げていることに、いま頃になって気づいたくらいだから、じつに勝手気ままな連載であったかと思う。編集を担当してくれた磯田渉さんには、さぞや迷惑をかけたにちがいない。あらためて、感謝の思いを伝えさせていただきたい。

単行本化にあたっては、春秋社の篠田里香さんにお世話になった。並行してゆったりと進めている、「ウェブ春秋」での『イザベラ・バードの見た日本』という連載もまた、いずれ篠田さんの手で形になるはずだ。この『日本という不思議の国へ』からは、『なごみ』の連載にはあったイザベラ・バードの一章が省略されている。『日本という不思議の国へ』は男たちの眼差しが浮かびあがらせる、失われた古き日本であり、『イザベラ・バードの見た日本』はジェンダーにおいてそれとは対をなすことで、もうひとつの失われた日本の再発見の書になるのかもしれない。そうした提案を示唆してくれた篠田さんには、やはり感謝の気持を伝えねばならない。それから、装画をお願いした望月梨絵さんは、かつての教え子であり、いっしょに仕事をするのは二度目ということになる。素敵な絵をありがとう。

二〇一八年五月一四日の夜に

赤坂　憲雄

著者紹介

赤坂憲雄（あかさか・のりお）

1953年、東京生まれ。専攻は民俗学・日本文化論。学習院大学教授。福島県立博物館館長。東京大学文学部卒業。2007年『岡本太郎の見た日本』（岩波書店）でドゥマゴ文学賞、芸術選奨文部科学大臣賞（評論等部門）受賞。『異人論序説』『排除の現象学』（ちくま学芸文庫）、『境界の発生』『東北学／忘れられた東北』『東北学／もうひとつの東北』（講談社学術文庫）、『北のはやり歌』（筑摩選書）、『岡本太郎という思想』（講談社文庫）、『ゴジラとナウシカ』（イースト・プレス）、『司馬遼太郎　東北をゆく』（人文書院）、『性食考』（岩波書店）など著書多数。

日本という不思議の国へ

2018年7月20日　初版第1刷発行

著者Ⓒ＝赤坂憲雄
発行者＝澤畑吉和
発行所＝株式会社 春秋社
〒101-0021　東京都千代田区外神田2-18-6
電話（03）3255-9611（営業）・（03）3255-9614（編集）
振替　00180-6-24861
http://www.shunjusha.co.jp/
印刷・製本＝萩原印刷 株式会社
装　丁＝野津明子
装　画＝望月梨絵

ISBN 978-4-393-42459-9　C0095　　Printed in Japan
定価はカバー等に表示してあります

川本三郎

東京抒情

荷風が歩いた荒川放水路、乱歩がいた池袋、アドバルーン煌めく銀座。青年時代の思い出、忘れ得ぬ映画・文学、町歩きを通して、生活の匂いがする懐しい東京へと読者を誘う。

1900円

川村湊

君よ観るや南の島

沖縄映画論

『ウルトラマン』から『ひめゆりの塔』『沖縄やくざ戦争』まで。沖縄にまつわる映画を題材に、沖縄の表象、戦後日本、そして現代のありようを考える骨太の評論。貴重な図版多数。

2300円

平瀬礼太

〈肖像〉文化考

私たちが人の似姿にオーラを感じるのはなぜか？御真影、切手、結婚写真、広告、藁人形、絵馬、美術作品となった肖像を手がかりに、近代以降の日本人のまなざしの変遷を辿る。

2300円

ブルーノ・タウト／篠田英雄訳

〈新版〉ニッポン

ヨーロッパ人の眼で観た

一九三三年に来日し、「泣きたくなるほどの美しさである」と桂離宮を激賞、変貌著しい都市文化をも透徹した視点で観察した不朽の名著。交流のあった訳者による小伝を付す。

2000円

池田政敏篇

外人の見た幕末・明治初期日本図会

文化・景観篇

幕末～明治初期に来日した欧米人が描き当時欧米の雑誌・新聞・著書等に掲載された図絵を採録。宗教・教育・司法・医学・美術工芸・芸道・歌舞伎・交通・景観と地理・琉球等の図絵を収録。

4800円

▼価格は税別。